# 德国工业技术文化专题研究文集

钟 玲　周旺旺　主编

同济大学出版社·上海
TONGJI UNIVERSITY PRESS·SHANGHAI

## 内 容 提 要

本书是深圳市人文社科重点研究基地——深圳技术大学德国工业文明研究中心成果之一，是该中心的第一本德国工业文明研究集刊，由钟玲教授和周旺旺博士主编。文集聚焦于德国工业技术文化，从科技创新、工业化进程、教育与人才培养、工业质量标准、科技哲学等多维视角进行深入探讨。

本书的主旨在于多维度展示德国工业技术文化的深度、广度和多样性，为读者提供对德国工业发展、教育体系、质量标准和科技哲学等方面的深刻理解。其主要受众群体包括对德国研究（尤其是德国工业技术文化）感兴趣的学者、研究人员、教育工作者以及相关领域的专业人士。

图书在版编目（CIP）数据

德国工业技术文化专题研究文集 / 钟玲, 周旺旺主编. — 上海：同济大学出版社, 2024.11. — ISBN 978-7-5765-1383-7

Ⅰ. F451.6-53

中国国家版本馆CIP数据核字第2024F3E125号

---

DEGUO GONGYE JISHU WENHUA ZHUANTI YANJIU WENJI
**德国工业技术文化专题研究文集**

钟 玲　周旺旺　主编

责任编辑　吴凤萍　　助理编辑　王 笑　　责任校对　徐春莲　　封面设计　潘向蓁

| | |
|---|---|
| 出版发行 | 同济大学出版社　　www.tongjipress.com.cn |
| | （地址：上海市四平路1239号　邮编：200092　电话：021-65985622） |
| 经　销 | 全国新华书店 |
| 排　版 | 上海三联读者服务合作公司 |
| 印　刷 | 苏州市古得堡数码印刷有限公司 |
| 开　本 | 787mm × 1092mm　1/16 |
| 印　张 | 10.25 |
| 字　数 | 185 000 |
| 版　次 | 2024年11月第1版 |
| 印　次 | 2024年11月第1次印刷 |
| 书　号 | ISBN 978-7-5765-1383-7 |
| 定　价 | 69.00元 |

本书若有印装质量问题，请向本社发行部调换　　版权所有　侵权必究

本论文集为深圳市人文社科重点研究基地
——深圳技术大学德国工业文明研究中心成果之一

# 编 委 会

**主 编：**

钟　玲　深圳技术大学外国语学院教授

周旺旺　深圳技术大学外国语学院助理教授

**编委会成员：**

Franz Raps　深圳技术大学城市交通与物流学院讲席教授

Holger Haldenwang　深圳技术大学商学院讲席教授

韩培刚　深圳技术大学新材料与新能源学院讲席教授

吴　旭　深圳技术大学科研与校企合作部教授

潘铁文　深圳技术大学战略规划与发展办公室主任

黄曼雪　深圳技术大学质量和标准学院研究员

赖明明　深圳技术大学马克思主义学院（人文社科学院）教授

姜奕村　深圳技术大学外国语学院副教授

刘　汇　深圳技术大学质量和标准学院副教授

黄丽华　深圳技术大学质量和标准学院国际合作主管

# 序

  自工业化以来,德国的工业产品和技术成就在全球堪称首屈一指,广受赞誉:往昔曾经带有羞辱和揶揄意味,甚至是劣质品代名词的"德国制造",如今俨然已成为全球公认的高质量和著名品牌的标志。无论是耳熟能详的梅赛德斯-奔驰、宝马、保时捷、大众、西门子、巴斯夫等商品品牌和工业企业,还是闻名遐迩的德国工业标准、包豪斯设计理念,抑或是当下广受推崇的"隐形冠军"等,不一而足。究其奥秘,德国雄厚的制造业基础、高质量的工业产品和强大的工业标准及规则制定能力,其真正的底蕴根植于德国历史悠久、璀璨夺目的工业文明和技术文化及其世代传承,即德国硬实力和软实力的有机结合。德国历史悠长的手工业传统,一丝不苟、严谨务实的工匠精神,富于特色的师徒传承,理论分析和实践应用技能相结合的双元制职业教育体系,高水准的质量标准、品控体系,底蕴深厚的德意志哲学、相互融合浸润的艺术和技术等,均是德国工业文明和技术文化的有机组成和突出表象。

  作为国内首个专门研究德国工业文明和技术文化的研究机构,深圳技术大学德国工业文明研究中心自2021年4月成立以来,汇集了深圳技术大学外国语学院资深教授和优秀青年才俊,在中外知名教授、专家组成的顾问委员会和客座教授的指导下,聚焦德国工业技术文化、德国技术人才培养体系、德国科技政策、德国工业标准以及德国科技哲学等领域,展开深入、细致的跨学科研究,汲取德国工业文明和技术文化的经验教训,着力于培育中国技术文化,服务于中国现代制造业中心之一的粤港澳大湾区特别是深圳市。该中心于2022年9月被评为广东省社会科学普及基地，2022年11月被认定为深圳市人文社科重点研究基地。同时，该中心计划以相关研究成果培育指导学生、服务社会。

作为该中心的研究工作成果之一，本书是由中心主任钟玲教授和中心执行主任周旺旺博士担任主编的系列文集首辑，汇集了有关德国工业技术文化相关专题研究的重要成果。本辑主要关注德国科技创新和工业化、德国教育及人才培养、工业质量标准和科技哲学以及多视角下的德国四大研究主题。在第一主题中，不仅有通过全球科学史视角对往昔德国工业化进程的回溯、剖析和审视，也有对当下德国工业4.0战略和国家创新体系相互促进的解读、分析，更有深入德国最新数字化进程和工业发展中无法绕开的德国数据保护相关法规制定的内容；在以支撑德国工业的德国教育体系和人才培养为主要内容的第二主题中，分别收录了相关中心学者从工业技术视角出发，对有关德国技术人才培养体系课程设置、德国业余大学以及德国英语教育课程设置等德国教育体系不同方面的思考和研究；第三主题部分既有对时下热门主题双碳背景下的绿色标准的介绍和探究，以及对德国高校质量文化的检视，更有对胡塞尔科学哲学思想的概述分析；第四主题中的文章则从文学、语言等学科研究层面跨领域地呈现了历史纵横维度下德国的不同侧面。

综观德国工业技术文化文集第一辑，相关的研究成果围绕德国工业文明和技术文化这一主题，特点突出：研究领域广泛，研究内容时间跨度长，研究方法和范式跨学科；充分体现了主编重点突出的总体构思，以及文章作者扎实的学术功底、活跃的叙述思维、敏锐的观察能力和学术探索闯劲。

丁纯

复旦大学教授，欧洲问题研究中心主任

欧盟让·莫内讲席教授

中国欧洲学会副会长，上海欧洲学会会长

深圳技术大学特聘教授

2024年8月25日

# 前言

迈入新时代，中国如何推动产业升级、实现经济与社会的高质量发展成为一个重要研究课题。改革开放40多年来，中国作为世界上最大的发展中国家，在党中央的集中统一领导下，经济结构调整稳步推进、人民生活水平日益提高、工业信息化与智能化行稳致远。在工业信息化与智能化转型过程中，如何提升国家工业治理能力现代化、如何创造一个良好的制度文化环境和人才培养体系，成为我们亟需解答的问题。

他山之石，可以攻玉。德国在高端制造业领域的成就举世瞩目，同时德国本土形成了符合自身发展特点的技术文化环境和人才培养模式。对德国工业发展经验和技术文化特点的总结，有助于中国从制造业大国迈向制造业强国。虽然中国与德国的历史环境、政治制度、经济发达程度、社会价值观念均有所不同，但是德国走向制造业强国的经验教训可以成为后来者的参考基线。历史告诉我们，德国在成为高端制造业的代名词之前，也被英国人嘲笑过——"Made in Germany"起初是用来标记低端以及质量参差不齐的产品的。经过几代人的努力，高端制造终于成了德国工业的"皇冠"。

本文集是深圳技术大学德国工业文明研究中心"德国工业技术文化"专题研究第一辑。文集中众多文章是由中心每月一次的读书会讲座收集整理而成的文字。感谢来自政治学、法学、教育学、文学、哲学、语言学、经济学、管理学和质量标准等领域所有作者的知识和贡献，感谢同济大学出版社责任编辑吴凤萍老师和助理编辑王笑老师对本文集的细致编辑和校对，感谢陈晓莹、梁静静、李思敏和付晓莹等深圳技术大学外国语学院同学对文稿的整理工作和陈钰彤同学对全书的格式校对。特别感谢复旦大学丁纯教授为文集作序。

钟玲　周旺旺
2024年8月于深圳坪山

# 目录

序
前言

**主题一　德国科技创新与工业化** ............ 1
全球科技史视角下的德国工业化进程 ............ 3
德国工业4.0战略与德国国家创新体系 ............ 14
德国数据保护立法的现状与未来演变 ............ 22

**主题二　德国教育及人才培养** ............ 33
工业技术文化视角下德国技术人才培养体系课程设置思考 ............ 35
德国业余大学作为终身教育机构之研究 ............ 47
工业技术文化视角下德国英语教育课程设置和教育理念 ............ 54

**主题三　工业质量标准和科技哲学** ............ 67
"双碳"背景下的绿色标准与国际标准化组织 ............ 69
德国高校质量文化之探析 ............ 77
胡塞尔科学哲学思想概貌 ............ 84

**主题四　多维视角下的德国** ............ 95
致荷尔德林，"至""荷尔德林"
——20世纪初德语文学两大诗人荷尔德林与里尔克的邂逅和诗学渊源 ............ 97
论德美语言符号学之理论互通 ............ 129
通过以客户为导向的多语言技术写作实现全球商业成功 ............ 137

主题一

# 德国科技创新与工业化

# 全球科技史视角下的德国工业化进程

周旺旺　深圳技术大学外国语学院德语系

**内容提要**："科学"一词源于古希腊,在近代经由日本传入中国,古希腊思想对科学和科学研究的本质有很大影响。科学、技术伴随人类活动的出现而出现。农业革命导致人口增长、社会分工和复杂社会的出现,而工业革命凭借科学、技术的支撑在近两百年传遍全世界。欧洲作为近代科学革命的起源地,同时也是现代民族国家概念的来源地。民族国家和资本主义共同为第一次工业革命奠定了政治基础和经济基础,科学革命则为其奠定了知识基础。德国作为高度发达的资本主义国家,也是世界高端制造强国,从全球科技史视角了解其工业化进程研究具有重要现实意义和学术意义。

**关键词**：科学；技术；德国；工业化；全球科技史

## 一、"科学"和"技术"的概念起源、界定与区分

"科学"一词来自西方,更准确地说来自欧洲,"科学"这个翻译本也不是起源于中文语境,而是从西方经由日本传入中国的。[①] 什么是科学？卡尔·波普尔（Karl Popper）认为科学必须是可证伪的,托马斯·库恩（Thomas Samuel Kuhn）认为科

---

① 吴国盛：《什么是科学》,广州：广东人民出版社,2016年版,第8、12页。

学就是科学家所做的事情。①简而言之，科学被理解为科学家或研究人员研究自然现象或发现自然规律的活动。如果要回答什么是可被判作"科学"的标准，这便是哲学要探索的问题。要想探究科学是如何产生的，就必须回到科学史。

就"科学"一词而言，其内容属于古希腊的思想。在古希腊思想中，知识并不注重其有用性，而是注重其确定性和内在性，即力求真理的本质。②科学在近代由希腊科学转变为现代科学，前者不强调功能，而强调真理的本质，后者则重视知识的实际应用。

"科学"不同于"技术"。例如，史前时代发明和使用的农业工具可以称为工程或技术，但在今天不能算作"科学"。科学与观察、假设和验证有关，而技术则依赖于实验、修正和改进。科学的目标是观察自然和理解自然。相比之下，技术旨在进行实验和改进。③两个世纪以前，科学和技术是两种不同的东西。现代科学与工业化的结合，使科学技术密不可分。④因此，在当下，"科学"与"技术"融为一体，在中文语境下常作"科技"一词出现并使用。

历史研究中的科学史和技术史是两大分支学科。科学史是一群科学史学家对科学研究的探究。技术史考察技术变革的方式、条件和过程。⑤科学技术史分为通史、年代史、传记史、专门史、通俗史等。在科学技术史研究中，有内在性和外在性两个维度。对16、17世纪历史的研究，往往从内在的角度来审视科学的发展，即科学的内在精神和逻辑追求。反之，工业革命后则主要考虑外部视角，即社会生活、生产技术等外部因素如何影响科技变革。

## 二、人类发展史视角下的科技

科学技术不会脱离人的活动而存在，而是伴随着人类活动的出现而出现。人类现在普遍被认为是智人的后代，距今10万至5万年前，智人实现了一次重大的进化飞跃，大脑和喉咙功能更加复杂，这赋予了他们更强大的思维、组织和语言能力，

---

① 吴国盛：《什么是科学》，广州：广东人民出版社，2016年版，第7页。
② 同上，第103页。
③ [美] 吴以义：《什么是科学史》，上海：生活·读书·新知三联书店，2020年版，第32页。
④ 同注①，第110页。
⑤ 同注③，第5页。

使他们领先于其他人种。这次进化使人类具有了传递更加复杂的语言信息、组织复杂的集体活动的能力。

旧石器时代从距今两三百万年前持续到1.2万年前，这是史前第一个也是最长的时期。该术语指的是石器的发现和使用，而由骨头和木头制成的工具则比较少见。这一时期"技术"的特点体现在茅草屋、服装及狩猎武器的制造和使用上。旧石器时代人们的主要工作是狩猎和采集，满足生存需要。1.2万年前地球气候发生明显变化，气温逐渐升高，变得更加适宜农业生产，于是人类在这个时期逐渐放弃狩猎采集的生活方式，转而依赖农业谋生。

从1.2万年前到6000年前，这段时期被称为新石器时代。从新石器时代开始，农业成为主要的生产生活方式，这也间接促进了数学、书写、天文学和农业灌溉等复杂知识和技术的产生与发展。同时，农业生产为人们提供了更多能源，拉动了人口增长。在这种背景下，一方面，农业生产为人类提供的大量能量促进了早期的职业分工：除了农业生产和植物种植，越来越多的人从事其他领域的工作，如陶艺、冶金、土木工程和纺织等。另一方面，随着人口的积累，村庄逐渐演变成城市、国家等更为复杂的社会形式。随着复杂社会的发展，人类对信息共享、书面记录和社会治理的需求也随之增加。鉴于此，知识、技术、工艺和组织管理也得到了更快的发展。

随着人口的快速增长、社会分工和复杂社会的出现，公元前8000年农业村落出现了，公元前4000年到公元前3500年城市开始出现，国家的出现也就不远了。幼发拉底河和底格里斯河两条大河所形成的地域被称为美索不达米亚或新月沃地，是世界最古老文明的发源地之一。除此之外，古代文明还包括距今5000多年的中华文明、距今约5000年的埃及文明、距今约4500年的印度文明等。[①]一般只有出现了书面记录或确凿的考古证据才能认定是出现了文明。文明启动的几个先决条件是足够数量的居住人口、城市化、符号通信系统、具有有效管理系统的组织机构、大规模建设的物质资源和复杂的冶金技术以及金属生产技能。而这些都依赖知识、技术和科学的高度发展。也只有具备了这些复杂的工艺、知识和能力，古代人才有可能完成像埃及金字塔和巴比伦空中花园那样复杂的工程。

---

① 古文明不止这几个，还有很多，这里只列举最古老的几个。

### 三、欧洲近代科学革命和民族国家的出现

古希腊文明是西方文化的源泉。希腊人的优势在于他们能够建立完整的知识体系。欧洲几乎所有的哲学、科学、艺术、神学和政治思想体系都建立在2500多年前于东地中海奠定的基础之上。其中不乏泰勒斯、毕达哥拉斯、阿基米德、苏格拉底、柏拉图、亚里士多德等知名学者，他们对数学、哲学、音乐、物理学、政治学等学科的知识体系构建作出了巨大贡献。

在古希腊的知识系统中尤其重要的是数学和哲学。二者当时是两个密不可分的学科。数学的四门学科包括算术、几何、天文哲学和声学，这就是为什么当时天文学家也被称为数学家、数学家也研究音乐的原因。其中，几何学和天文学的成就最大。古希腊人追求自由，崇尚知识，好奇心强。他们认为知识的获得能带来自由，知识本身在哪里，事实就在哪里，本质、真理也就在哪里。这种独立于任何因素的本质就是事物的本质。因此，希腊人在追根究底寻求知识时，并不考虑知识本身的有用性和实用性。为了探索知识的内在性，希腊人倾向于使用演绎的方法来推理和证明所谓符合知识本身的内在逻辑的东西。希腊人对理性的强调也成为现代科学的核心部分。

罗马人继承了希腊的科学，但没有对它作出重大改变。罗马人的贡献在于制度和法律。当黑暗的欧洲中世纪开始后，基督教会是唯一保存甚至鼓励科学发展的力量。基督教并没有完全拒绝异教，而是一直在适应和吸收异教科学。基督教对科学发展的贡献是：一方面，在基督教神学与希腊科学的不断碰撞中，神学与亚里士多德"学说"的和平共存逐渐成为问题。经院哲学代表托马斯·阿奎那提出了亚里士多德"学说"与基督教神学的综合，不仅系统、全面地将理性思维引入基督教神学，而且使哲学成为一门独立于神学之外的科学。另一方面，具有基督教背景的欧洲大学建立，逐渐获得了独立的法律地位，成为自由探索具有普遍意义的知识的重要场所。

造纸术和印刷术从东方传入欧洲后，14—16世纪的欧洲出现文艺复兴，科学技术领域的重要代表人物是来自天文学领域的哥白尼、开普勒和伽利略。哥白尼提出了日心说，开普勒提出了完善哥白尼理论的模型，伽利略用天文望远镜和实际观测证实了哥白尼猜想。从17世纪起，人类进入了近代科学时代。首先，笛卡尔总结了科学研究的方法，并在其代表作中提出了科学方法论，促进了数学、光学、生理学和医学的发展；其次，牛顿作为数学、古典力学、光学和天文学领域的大师，

是当时的科学领军人物。由于牛顿的诸多科学成就，1666年也被称为科学史上的第一个奇迹年。牛顿的另一个重要贡献是将数学、物理学和天文学结合起来，并通过物质的机械运动引入了机械方法。

将古希腊科学与近代科学相比较，会发现近代科学继承了古希腊科学崇尚理性这一点，但又不同于希腊科学强调实验的重要性。随后的17、18世纪，物理学、化学、高等数学、天文学、现代医学等诸多自然科学相继创立，对实验的强调和向技术转化的特点，成为现代科学的主要内涵，为第一次工业革命的爆发提供了知识积淀。

民族国家的出现和资本主义的萌芽则为第一次工业革命提供了制度基础。

公元476年，西罗马帝国灭亡，欧洲进入中世纪。外来侵略者（条顿人、匈奴人、波斯人）的入侵，使欧洲的种族、社会结构和文化内涵发生了变化，欧洲进入了封建时代。欧洲中世纪上半叶的特点是王权与教权之间的斗争、贵族权力的增长和帝国的分裂，以及庄园经济的自给自足模式。

11世纪下半叶，由于手工业和贸易的复兴，西欧城市兴起。在王权和教权之间的权力斗争中，城市逐渐成长壮大。一个新的阶级——商人，出现在城市中，他们独立于教会、国王和贵族。贵族和教会是中世纪皇室软弱和欧洲分裂的两个主要因素。城市的出现改变了这种状况。一方面，王权与城市加强联盟，城市向国王寻求保护，国王收取城市缴纳的赋税以增强应对贵族的力量。另一方面，在11世纪天主教与东正教的分裂以及16世纪路德新教对天主教的又一次打击之后，基督教的影响力逐渐减弱。从15世纪开始，国王逐渐重新掌权，结束了封建时代的分裂，进入专制时代并形成民族国家。君主专制也被称为西方历史的转折点。

此外，中世纪十字军东征给欧洲人留下了深刻的印象，东方的富足和繁荣，刺激了欧洲人对财富的更大追求。这一方面进一步刺激了贸易的发展和城市的繁荣，为民族国家的出现奠定了基础；另一方面也促使国王拥护航海，争取财富，促进资本主义的萌芽。在重商主义的鼓励下，西欧国家开始投资全球航海运动，以从海外获取更多的黄金和白银。航海时代还推动了对天文学、力学及数学的研究，以及对航海技术的掌握。随着地理大发现、农奴制的解体、殖民扩张、政治革命和宗教改革，西欧进入了现代，也出现了新的政府形式和新的经济。新政体是指强调国家主权的民族国家，新经济是指资本主义时代的开始。民族国家的形成和资本主义的兴起为工业革命的爆发创造了有利的政治经济环境。

### 四、工业革命和英国

不同于古代农业革命用了近万年的时间传遍全球，工业革命只用了两百年左右就普及全球，实现了世界各地的工业化，提高了人们的生活水平和福祉。工业革命背后蕴含的科学、技术和知识的巨大能量，使这一切成为可能。

工业革命始于1760年代，起源于英国。它从英格兰向西传播到美国，向东传播到法国、德国和其他欧洲地区。工业革命涉及生产方式、生活条件、社会结构的巨大变迁。工业革命的本质是机器动力取代了人力，推动了工厂生产从体力劳动向动力机械生产的转变。第一次工业革命的支柱产业包括纺织、煤炭、炼铁和造船。其中，标志性的技术突破是英国工人发明的珍妮纺纱机和英国工程师瓦特改进的蒸汽机。第一次工业革命也被称为蒸汽革命。蒸汽机由来已久，其第一个发明者是英国人托马斯·纽科门（Thomas Newcomen，1664—1729）。然而，他的蒸汽机笨拙、操作不便且效率低下。与此不同的是，詹姆斯·瓦特（James Watt）不是依靠技术经验，而是依靠科学原理改进蒸汽机，设计了蒸汽机模型，并在合伙人马修·博尔顿（Matthew Boulton）的资金支持下，经过不断优化，最终打造出蒸汽机。制作瓷器的地质学家韦奇伍德（Josiah Wedgwood）也是蒸汽机流行的主要贡献者。

蒸汽机被运用于当时英国的纺织业，也是当时最发达、繁荣的产业。18世纪60年代和70年代，人们竭尽全力改进纺织技术以满足海外需要，先后发明了珍妮纺纱机和水力织布机，极大地推动了纺织工业的发展。焦炭和搅拌工艺的使用提高了炼钢效率，促进了造船和铁路的发展。可以说，第一次工业革命并没有涉及多少科学。

那么，为什么工业革命会在18世纪中叶发生于英国？有许多因素共同构成了这个问题的答案。首先，与其他欧洲国家相比，英国最早完成了政治改革。1215年的《大宪章》确定君王权力不是无限的，1688年光荣革命确立了议会的权力。英国实现了君主立宪制，实现了长期稳定的政治环境，扫除了资本主义发展的障碍。其次，英国圈地运动引发的农业革命，使许多失去土地的农民迁往城市，成为资本主义经济中的潜在劳动力。再次，英国殖民扩张带来的大量资本积累和海外需求来源，不仅为资本主义发展提供了经济支持，也刺激了商品供给需求，提高了生产效率。最后，英国出现了以科学家和实业家为主的"月光社"（Lunar Society），这些时代先锋共同讨论科学、技术问题，解决了一个个制约工业生产和机器量产效率的问题，实现了机器代替人力的量化生产。①

随着蒸汽动力的应用扩展到纺织、采矿、冶金、制造和运输，人类从19世纪中叶跃入电力时代。在20世纪下半叶，人类相继迎来了生物技术、信息和通信革命的高潮。21世纪则成为智能时代。

第二次工业革命的核心标志是电力和化学，德国、美国成为此次革命的领先国家，始于19世纪下半叶，持续到20世纪初。在此之前，美国政治家、科学家本杰明·富兰克林（Benjamin Franklin）通过雷电实验揭示了电的基本性质，提出电流概念和电量守恒定律。而18世纪末意大利物理学家亚历山德罗·伏特（Alessandro Volta）通过发明电池，解释了电学的原理。这有利于半个世纪后的法国科学家安培（André-Marie Ampère）总结出电磁学的基本规律、迈克尔·法拉第（Michael Faraday）发现电磁感应。来自工业界的德国商业巨子维尔纳·冯·西门子（Ernst Werner von Siemens）为了将电力用于工业应用，发明了发电机。发电机的发明和投入使用使人类进入了电力时代。

通信随后成为电气时代的主题。电报和电话成为当时的重要发明。精通数学和电学的美国画家塞缪尔·莫尔斯（Samuel F.B. Morse）设计了电报系统，其实用性也大大提升了它的市场普及程度。美国于1844年开始铺设从巴尔的摩到华盛顿的第一条电报线。连接旧欧洲大陆和新美洲大陆的跨大西洋海底电缆也终于在1866年完工。此后，美国发明家、企业家亚历山大·贝尔（Alexander Graham Bell）发明了电话并创立了AT&T电话公司。

进入20世纪后，1905年爱因斯坦凭借光量子假说、对布朗运动的定量解释、狭义相对论以及质能方程开创了科学史上第二个奇迹年。人们从数学角度对不确定性和非连续性也有了更新的认知。人类因此进入了第三次工业革命，以信息学、生物、原子能和航天技术为主要代表，其中信息技术是核心。站在这些科学巨人的肩膀上，信息学和信息产业有了巨大的发展。阿兰·图灵（Alan Turing）提出计算机的数学模型。在图灵机模型被扩展为包含外部信息源的概念的7年后，美国人莫奇利（John Mauchly）和埃克特（John Eckert）研制出了世界上第一台电子计算机埃尼阿克（ENIAC）。

随着20世纪50年代半导体晶体管代替了早期计算机使用的电子管，计算机在

---

① ［美］吴军：《全球科技通史》，北京：中信出版社，2019年版，第178页。

速度、耗电量和价格上都变得更利于商业普及。再之后便进入了微软操作系统和英特尔处理器的计算机时代。伴随着20世纪80年代互联网的快速发展，人类进入高速发展的信息时代。受计算机、互联网发展的促进而兴起的远程通信技术，和火箭技术一起构成航空航天的两个重要技术要素。冷战时期美苏争霸也间接地促进了科技的巨大进步，首次让人类飞出地球，实现了迈向外太空第一步。

工业4.0在21世纪的前20年已经风靡全球，指的是工厂的智能化生产和智能服务，核心技术包括人工智能、大数据、5G、区块链、物联网等。当下，科学家们也在生物技术领域探究更有效的癌症预防技术，并仰望星空，希冀凭借可控核聚变技术实现星际旅行。未来，科学技术会将人类带到更远的地方。

## 五、姗姗来迟的德国工业化

德意志民族在历史上已经存在了很长时间，但由于王国本身的分裂、强大的封建势力和宗教权力的划分等，德国作为一个国家在其历史上大部分时间都处于分裂状态。公元10世纪神圣罗马帝国建立后，德意志国家开始形成。神圣罗马帝国虽然名义上是个大帝国，但是却并存着许多分裂的领土，也有不少诸侯邦。当皇帝失去对基督教会的控制时，诸侯便借机谋求特殊地位和主权，甚至获得选举帝国皇帝的权力。皇帝对诸侯权力的进一步确认和维护，却也进一步损害了自己的权威，加剧了帝国的分裂。这也成为将来德国统一的巨大障碍。

在德国长期分裂过程中，有两件事情意义非凡。一是约翰内斯·古登堡（Johannes Gutenberg）作为发明家、印刷商和出版商，设计了一整套印刷设备和可以快速大量印刷图书的生产工艺流程。他还通过培养一批学徒，让他们作为印刷商将印刷术推广到了全欧洲，这不仅让图书数量迅速增加，也开启了中世纪欧洲重新走向文明的道路。随之而来的文艺复兴、宗教改革、启蒙运动和科学革命都得益于印刷术的推广。二是1517年马丁·路德提出"95条论纲"并发起宗教改革运动，提出"因信称义"，对贪婪的天主教会和教皇权威发起挑战。新教的出现进一步削弱了天主教的力量，却也加剧了德国的分裂，以至于后来发生了非常惨烈的三十年战争（1618—1648年）。

随着神圣罗马帝国皇帝愈加羸弱和帝国的割裂加剧，普鲁士兴起了。普鲁士原是波罗的海沿岸的一个中世纪晚期国家，位于波美拉尼亚、波兰和立陶宛之间，本身并不属于神圣罗马帝国的疆域范围。16世纪后，普鲁士人同化于德意志人。18

世纪初时来自霍亨索伦家族的勃兰登堡选帝侯合并了普鲁士公国，普鲁士自1815年起成为德意志邦联成员国。

被称为腓特烈大帝（Friedrich II von Preußen）的普鲁士国王，是欧洲"开明专制"的代表人物，对普鲁士崛起起到了重要作用。他一方面通过战争获取霸权，另一方面在行政、司法、教育、农业、商业和军事等方面进行一系列改革。在18世纪末19世纪初的法国大革命和拿破仑战争的影响下，腓特烈大帝的后人继续推行改革，推进了封建经济向资本主义经济过渡、普鲁士的行政现代化和现代市民社会的形成。其中，在经济领域废除普鲁士境内的所有关税关卡，推行洪堡的教育改革尤其意义重大。

当英国和法国早已建成民族国家、进入工业化的高速发展阶段时，德国还处于诸侯割据的分裂状态。德国人对国家统一的欲望也越来越强烈。在此背景下，普鲁士首相俾斯麦（Otto von Bismarck）于1862年9月30日发表著名的"铁血演说"（Rede von Blut und Eisen）。此后，俾斯麦通过三场王朝战争，即1864年对丹麦、1866年对奥地利、1870年对法国战争，在1871年实现了德国的统一，建立了德意志帝国。德意志的统一和民族国家的建立，为德国实现更高程度的工业化和现代化提供了良好条件。

除了德国统一，19世纪30年代的两项重要发展也为后期德国的工业化提供了有利条件。1834年在普鲁士领导下建立的关税同盟，主要作用是废除内部关税、对外实行统一关税制度和税率，扫除了内部度量衡差异、税率差异和关税等德国经济一体化的障碍。

使普鲁士主导的德国实力日益强大的另一个原因就是教育。普鲁士在18世纪初更是颁布"强制义务教育"法令。从18世纪末开始，国家代替教会在教育领域发挥主要影响，促成了德国教育的世俗化和国家化，确立了国家对教育管理的主导角色。19世纪初普鲁士任命威廉·冯·洪堡（Wilhelm von Humboldt）作为普鲁士实际上的教育部部长，洪堡实施的教育改革重点在于：①削弱教会对学校的影响，②建立国家统一考试制度和资格认证体系，③加强对教师培养和录用的要求。在现代大学建立上，尽管德国晚于英国和法国，但是发展迅速。19世纪初，在洪堡的支持下，德国建立起世界上第一所现代化大学——柏林大学。洪堡坚持以研究为导向的办学理念，坚持教学与研究的统一和大学的独立。正是由于柏林大学对学术研究的坚持，它先后成为普鲁士、德国甚至整个欧洲的学术机构楷模。此外，德国现代大学的建立也促进了科学家群体的职业化。19世纪下半叶到20世纪30年代初，德国是世界的科学中心，与此同时德国也从一个农业大国跃升为欧洲最发达的工业国。

在步入19世纪后，德国出现了一批杰出的科学家，这些人为德国成为第二次工业革命的领先国家奠定了坚实基础。比如，数学领域的代表人物有卡尔·高斯（Carl Friedrich Gauβ）、菲利克斯·克莱因（Felix Christian Klein），后者成立了哥廷根应用数学及物理学促进学会，促使哥廷根大学开启当时数学研究发展的黄金年代。大卫·希尔伯特（David Hilbert）、赫尔曼·闵可夫斯基（Hermann Minkowski）和约翰·冯·诺依曼（John von Neumann）在这里的工作为后来20世纪的物理学飞跃奠定了重要的数学基础。化学之所以能成为德国的强势科学，和尤斯图斯·冯·李比希（Justus von Liebig）分不开。在物理学领域，德国的代表科学家包括提出能量守恒定律的赫尔曼·冯·亥姆霍兹（Hermann von Helmholtz），他也被看作是现代物理学理论、实验和高技术应用方面的奠基人；提出热辐射定律、辐射平衡和绝对黑体概念等的古斯塔夫·基尔霍夫（Gustav Robert Kirchhoff），是开辟20世纪物理学新纪元的关键人物之一。而普朗克的量子假说和爱因斯坦的相对论则直接引领了20世纪的物理学革命，为以后的科学技术发展，如晶体管、电子显微镜和计算机的发明，奠定了新的基础。

## 六、结语

尽管德国在历史上发展滞后于英国和法国，但经历过第二次工业革命的追赶，德国如今成为世界上名副其实的高端制造大国，尤其以汽车、电气化产品、机械制造和化工产业而闻名世界。① 德国既是欧盟成员国又是欧元区成员国，因其经济优势，GDP占据欧盟GDP的六分之一左右。② 德国和中国也因此连续多年成为彼此最重要的贸易伙伴之一。③ 然后，尽管德国确立了其在传统科技和高端制造领域的绝

---

① Martin Orth, "Germany as an industrialised country – the main facts", Deutschland.de, 24.07.2023, https://www.deutschland.de/en/topic/business/germanys-industry-the-most-important-facts-and-figures, 访问日期：2024-01-28。
② "Gross domestic product at current market prices of selected European countries in 2022", statista, https://www.statista.com/statistics/685925/gdp-of-european-countries/, 访问日期：2024-01-28。
③ 中国政府网，"中国连续第六年成为德国最重要贸易伙伴"，2022年2月19日，https://www.gov.cn/xinwen/2022-02/19/content_5674591.htm, 访问日期：2024-01-28。

对优势地位，在当今的新技术革命竞争中却渐渐处于不利地位。由于其社会市场经济模式的特征，德国是一个重视渐进式创新而非颠覆式创新的国家。这导致德国相较美国不易出现类似微软、谷歌这样的高科技巨头。同时由于重视实业超过金融市场，德国也不具有像英国、美国那样发达而灵活的资本市场。上述情况也是德国在新一轮数字化竞争中没有占据明显领先优势的主要原因。

# 德国工业4.0战略与德国国家创新体系

史世伟　德国柏林自由大学、浙江大学人文与社科高等研究院

**内容提要**：本文深入探讨了2006年以来德国研究和创新政策的变化，重点关注德国政府改变以往对特定产业和技术进行扶助的谨慎态度，在工业4.0战略的实施中，突出对企业界、科学界、行业协会以及工会自上而下和自下而上的协同作用。

**关键字**：德国；工业4.0；国家创新体系

## 一、国家创新体系及其演变

### 1. 概念界定

国家创新体系由弗里曼等"新熊彼特学派"经济学家于20世纪80年代提出，指一个民族国家公共和私营部门中发起、改变和扩散新技术的活动和互动的制度和组织网络，此概念最初源自德国经济学家李斯特1841年提出的"政治经济学的国民体系"。20世纪90年代，经济合作与发展组织（OECD）成立了创新体系研究小组，启用一批经济学家对不同国家创新体系进行了深入且广泛的比较和研究，使创新体系分析方法在创新研究领域更加流行，并在全球范围内推广了国家创新体系的建设。

### 2. 国家创新体系的演变历程

在古代，诸如古希腊、古罗马、中国等文明古国都有一定程度上的科学和技术

体系。这些体系往往与当时的科学、哲学、工艺、医学和艺术等领域的发展密切相关。例如，古希腊的哲学家、科学家和数学家，如亚里士多德、柏拉图和毕达哥拉斯等，他们的一些思想和发明在当时的生产实践活动中得到采用，为后世创新奠定了基础。

文艺复兴（大约从14世纪末至17世纪初）标志着对古典知识的重新研究与发展，推动了人类知识的飞跃。众多科学家和发明家如伽利略、莱布尼茨等人的工作，为近代科学和技术的进步奠定了基础，而欧洲独立城市的兴起、地理大发现以及封建诸侯之间为争夺领土连绵不断的战争则为科学技术的商业转化提供了动力。在此期间，民族国家开始出现，国家和贵族的赞助也促进了艺术、科学和技术的发展以及商业应用。

18世纪末至19世纪初的工业革命是人类历史上最重要的转折点之一。这一时期的机械化和工业化革命极大地改变了生产方式，加速了科技和工业的发展。西方国家开始意识到科技创新对经济和国家实力的重要性，于是出台了一系列政策以支持科学研究和技术发展以及其向应用的转化和扩散，奠定了现代国家创新体系的雏形。

20世纪以来，随着科技的进步和全球化的加速发展，国家创新体系逐步完善。许多国家建立了科学研究机构、高等教育机构、创新中心以及科技园区，为创新提供了更广阔的舞台。政府投入巨资支持基础研究、制定创新政策、实施知识产权保护等举措，以激励创新活动。21世纪，国家创新体系面临着新的挑战与机遇。科技进步日新月异，人工智能、生物技术、可再生能源等领域的快速发展，对创新提出了更高的要求。同时，全球化和跨国合作也成为创新的新动力，国家创新体系需要更加开放、灵活地应对这些变化。

### 3. 中国国家创新体系的发展

改革开放以来，中国在国家创新体系的研究和建设上取得了显著进展。中国对创新体系的深入研究包括科技和制度创新领域，学术机构如清华大学、中国科学技术大学等的研究对国家科技和创新政策产生了影响。2006年《国家中长期科学和技术发展规划纲要（2006—2020年）》明确现阶段的目标之一是建设以企业为主体、产学研结合的技术创新体系。

近年来，创新生态系统的概念逐渐崭露头角，包括宏观、中观和微观等多个层面，强调系统的复杂性和演化性。

从理论上看，创新体系进路体现了对主流经济学给予创新关注度不足的回应，新古典经济学增长理论虽然认定技术进步是经济增长的重要源泉，但是却将它看作经济过程中的外生变量，它实际上断定存在着一个与科学新发展相关的发明流，它们大半处在现有企业和市场结构之外。经济体可以毫不费力地从这些"技术储备"中找到适合自己的去使用。后来发展起来的内生增长理论重视创新对于经济增长的作用，并将技术创新变量纳入到其理论模型之中（比如专利和人力资本）。然而由于其模型的限制，没有关于作为创新主体的企业的理论，从而不能很好地解释创新发生的机制。此外，早期创新研究的线性技术推动模型难以解释现代商业和行业中创新的复杂性，创新实际上是一个非线性的多重循环功能。在这一过程中，官、产、学、研、金、用组成互动网络，创新实际上是相关主体之间相互学习的产物，作为网络结构中多层次主体知识专有性的组合涌现出来。作为复杂系统的互动网络不断演化，其行为主体的行为有路径依赖性。

### 4. 德国国家创新体系的发展

与德国"合作式资本主义"（coordinated capitalism）的经济和社会体制相适应，德国国家创新体系具有协调能力强，体系中公营和私营部门分工明确、注重合作等特征。但是德国政府以往的创新促进举措较分散化，重点不突出，在决定未来竞争力的新兴技术产业和知识密集型服务业方面创新不足。因此，德国政府从2006年起开始制定包括工业4.0行动计划在内的高科技战略，提出科研与创新政策的"使命导向"。

以往德国创新体系的重点是技术扩散，特别注重以中小企业为扶助目标的共性研究。然而，德国政府认识到在当前技术变革日新月异的情形下，要维持德国经济特别是制造业的国际竞争力，单靠扩散促进不足以推动原始性的、颠覆性的创新活动，因此他们以联邦政府高科技战略的方式采取了一定程度上使命导向的顶层设计方法。政府在高科技战略的实施上发挥协调作用，类似于一个节目主持人的角色，注重与独立的科学界、行业协会和大企业的合作，为此还建立了科学委员会和研究联盟创新发展合作的机制。德国的创新政策专家和科技政策专家也都参与了高科技战略的制定。

针对工业4.0的实施，德国联邦政府建立了自身牵头、由上述各界联合的"工业4.0公共平台"，它将公共平台称为"网络的网络"，旨在为工业4.0计划的稳步实施提供组织保障；与此同时，政府在实施工业4.0战略中坚持市场导向，"公共平台"的目标是研究、开发和推广竞争前的共性技术，制定标准、法律框架以及治理结构，而采纳工业4.0的某项技术则是企业的自主行为。

在此过程中，对中小企业赋能和技术扩散也得到特别强调，以确保技术革命得以持续推进。

"工业4.0公共平台"本身就是一个民族国家公共和私营部门中发起、改变和扩散新技术的活动与互动的制度，即一个浓缩版的德国国家创新体系。这些组织包括大企业的领导和专家，以及联邦经济与气候保护部和联邦教育与研究部组成的领导机构。此外，行业协会、工会和科学界也参与其中，主要负责政治支持，对工业4.0战略愿景做出顶层设计，在它之下是六个承担不同任务的工作组，分别为：

（1）参考架构、标准和规范；

（2）技术与应用场景；

（3）网络系统的安全；

（4）法律框架；

（5）工作、教育与培训；

（6）新的商业模式。

这些由相关领域顶级专家组成的工作组定期举行研讨会，撰写和发布报告并执行建议，在不同关键领域为企业实现工业4.0变革提供指导。

总之，近年来，德国政府通过顶层设计、合作协调、标准化和科研支持等多个层面来促进科技创新的发展，这种努力旨在提升德国创新体系的效率，为实现包括工业4.0在内的高科技战略创造条件。

## 二、德国工业 4.0 战略发展现状

### 1. 工业 4.0 的概念与发展前景

我们了解到，随着人类进入工业化社会，制造业经历了三次重大革命。这些革命包括18世纪末的第一次工业革命，其标志是引入蒸汽机动力；19世纪末的第二次工业革命，采用电能动力并实现大规模生产；从20世纪70年代开始的第三次工业革命，使用电子和信息技术，实现了自动化工业生产，其影响一直延续至今。每一次工业革命都显著提升了生产力水平，并引起社会生活的根本变化。

目前，工业生产正面临着新一轮变革。随着互联网的不断发展，工业与信息

产业正在更深度地融合，生产将全面实现数据化和智能化，形成了第四次工业革命，即工业4.0的愿景。除了工业生产系统变得越来越精密和复杂之外，每一次工业革命都建立在一种核心技术的使用和推广上。前三次工业革命分别依赖于蒸汽机、电动机和逻辑程序控制器。而工业4.0的核心技术是信息物理融合系统（Cyber Physical System, CPS）。CPS是通过传感器直接收集生产过程中的物质对象信息、通过促动器直接发布生产过程指令的嵌入系统。这些由智能硬件和软件控制的生产与服务过程通过物联网、数据网及服务网实现直接的数字化连接，从而在生产过程中实现世界范围内采集的数据和服务的多方式人机与机机互动。

通过CPS，数字化的虚拟世界与人类生产和消费所需的物质世界将完美结合。因此，工业4.0的实现取决于CPS在制造业的大规模推广和应用。嵌入系统从封闭系统过渡到网络化系统，但更高水平的CPS，例如制造业产品的数字孪生，还需要较长时间的发展。工业4.0不仅仅是简单的互联网+工业，它通过互联网和嵌入系统在生产过程中实现全面的人机与机机互动。对于人类社会发展而言，工业4.0的应用具有巨大潜力。

首先，工业4.0可以使生产变得更加柔性和智能。目前，大规模生产导致产品过剩，而消费者的需求越来越向个性化和定制化方向发展。工业4.0通过大数据和云计算实现各种设计和仿真模型（3D）在任何时间、任何地点的收集，实现客户、服务商、供应商和生产商之间的跨边界信息交流。在生产系统中，人与嵌入式机器以及机器与模块化产品部件之间实现智能互动，从而最大程度地满足消费者的个性化需求，创造新的商业模式，甚至创造新市场。

其次，通过智能控制生产过程，工业4.0可以实现生产的最优决策和最小成本，提高资源和能源的生产率，实现清洁、可持续的绿色生产。

最后，工业4.0将导致生产与生活组织方式的变革。通过智能辅助系统，它可以延长人类的劳动寿命。未来的智能工厂和生产将更分散，主要位于城市生活区内。虚拟对象的增加意味着许多岗位只需联网即可在家中执行，人们不再需要为了工作而集中到城市外围的工业园区。智能生产模式将创造出一种新的工作与生活的结合方式，从而更好地应对人口老龄化带来的挑战。

## 2. 工业 4.0 计划与德国经济的比较优势

德国是世界上公认的制造业强国。其经济核心竞争力的形成可追溯至19世纪晚期，以机械制造、电气技术和化学工业领域多样化、高质量的生产体系为特征。德国经济竞争力的实质在于通过经济与科学的新型共生关系实现无形价值的创造，这种价值创造并非仅仅来自传统工业中的物质转化，而是更依赖于对市场需求、研发问题以及生产和应用程序整体解决方案的综合性认知，同时还包括有利于产品适时供给、融资和确保其他质量特征的整合型服务。这些特征构成了实现工业4.0计划的近乎完美的前提条件。

如今，德国不仅拥有具备高度创新能力的高端生产技术制造商（例如博世）、提供世界领先的嵌入式系统（如西门子）和企业管理软件（如SAP）的大型企业，还有许多被称为"隐形冠军"的中小型企业。这些中小型企业在某个细分的工业领域中排名全球前三，在所在地区更是居于榜首。据德国管理专家西蒙在2014年的统计数据，在全球2764家中型领导企业中，德国占据了1307家（47%），而美国仅占366家，中国则为68家[①]。

在工业3.0（即生产自动化和程序化）时代，德国一直处于世界领先地位。在智能化和数字化方面，德国企业的发展也相当迅猛。根据毕马威咨询公司（KPMG）和德国信息技术、电信和新媒体协会的调查，受访的403家德国企业在2011年至2013年期间使用云计算的比例分别为28%、37%和40%，并呈不断上升的趋势。根据德国联邦经济与气候保护部的最新数据，目前德国每10家企业中已经有6家利用工业4.0；91%的企业认为工业4.0是保持德国工业竞争力的前提；四分之三的工业企业认定工业4.0的使用降低了$CO_2$的排放。

《德国高科技战略2020》中，工业4.0占据了重要地位。该战略指出，当今生产技术领域创新的80%来自于生产与通信信息技术的结合。工业4.0被认为是开辟德国未来经济、技术与社会政策区位的重大举措，能将德国在汽车和机械制造领域已经占据的世界领先地位与嵌入系统、通信信息技术和互联网相结合。这不仅能够进一步强化生产自动化，还能开拓新的商业模式以及提高生产与物流的优化潜力，更能够创造出应用于气候和能源、健康和食品、交通工具等广泛领域的新服务部门。

德国在实施工业4.0计划中采取了双元战略。一方面是供应商领先战略，即继续深化IT技术与传统高生产技术的结合，以保持德国装备制造业的全球领先地位。

---

① 赫尔曼·西蒙：《隐形冠军：未来全球化的先锋》，张帆、吴君、刘惠宇、刘银远译，北京：机械工业出版社，2017年版，第16页。

另一方面是市场领先战略，是指工业4.0的主导市场是目前在德国生产的企业。双元战略着力于装备制造业对CPS（信息物理系统）主导市场的研发与开拓，包括对不同层面生产系统的纵向集成、对价值网络的横向集成以及整个价值链上工程技术的数据化贯通。在新的价值网络中，纵向集成主要是指企业内部的融合，涵盖从产品研发、规划到生产、销售、物流以及售后服务的全过程，即所谓的"智能工厂"。而横向集成则指涉及供应商、企业和消费者的网络，产品的生产在高度动态的横向商业网络中进行。在过去的程序控制系统中，硬件和软件之间关联较少，生产模式分散，而在工业4.0下，从产品开发到工程技术再到生产和售后服务都由CPS技术相联系，形成新的连续的工程技术工具链，用户的要求能够贯穿从产品设计到制造的整个流程，工程师可以对整个流程进行实时监控。这种网络化生产实现了智能化的全价值链融合。

此外，工业4.0计划的实施涵盖了广泛的系统工程，不仅涉及对CPS的研究与开发，还包括标准化与参考架构、管理复杂系统、建立全面宽带的设施基础、安全和保障、工作的组织与设计、培训和持续的专业发展、监管框架以及资源利用效率等方面。工业4.0极大地依赖于系统集成和大企业与中小企业之间的协作，而这正是德国经济的强项。

### 3. 德国工业4.0战略的实施对于中国的启示

从对德国工业4.0计划的研究中能够总结出以下几点经验：

第一，要正确处理企业与政府之间的关系。在德国，实施工业4.0主要是企业的责任，政府的重点是纠正市场失灵，推动竞争前控技术的研究和推广，制定标准和法律框架，并完善治理结构。中国政府过去习惯于直接干预产业发展，导致企业家精神受到压抑，而且政府过多地介入微观事务，分散了从事宏观层面规划和指导的精力。为了尽快消除不利于市场经济发展的体制和制度障碍，《中国制造2025》规划确定了"企业主导，政府引导"的基本原则。

第二，要充分发挥国家体系独特的制度优势。德国的研究和创新政策在观念上发生了变化，重心由面向中小企业的知识和技术扩散转化为"使命导向"。但在制定国家战略实践中，仍然发挥德国"合作式资本主义"的特色，注重自上而下和自下而上的结合，政府在创新体系中充分发挥"节目主持人"的作用，协调系统中其他相关者的参与，实现制度创新，达到"1+1＞2"的目的。

作为后发工业化国家，虽然中国制造业创新能力还不够强，但在一些领域已经处于世界前列，如航天、大型计算机、信息通信设备以及轨道技术等。因此，我们要发挥自身的优势，在这些领域加快实现智能化和数字化转型，进而带动其他领域的发展。中国体制上的优势是集中力量办大事，中央政府的执行力是赶超先进国家的基础。要防止地方与部门利益削弱整体利益、政出多门等弊端，同时保证企业自主权和创新活力。

第三，在工业4.0战略的具体实施中，德国政府重视建设行业和跨行业的服务平台，尤其关注中小企业融入。最近以来，由于供应链韧性和可持续发展的需要，建构全球化数字生态系统成为政府工业4.0战略第二阶段的核心内容，即通过数字空间平台帮助企业实现数字化融入，保持德国制造业的核心竞争力和实现可持续发展。

\* 本文根据讲座录音整理，作者对文本进行了修改。

# 德国数据保护立法的现状与未来演变

周灵　深圳技术大学外国语学院英语系

**内容提要**：在大数据时代，数据作为信息记录的载体拥有重要价值，数据保护相关法律法规的重要性日益凸显。本文将梳理德国数据保护立法现状，分析德国数据保护法中的法律概念、重要条款，以及特色司法实践，提出对德国数据保护立法未来演变的展望。首先，本文将概述德国数据保护法中的关键概念，包括数据权利、个人数据、个人信息、隐私权等概念的区分。其次，将探讨德国数据保护法与欧盟《通用数据保护条例》之间的关系，并简要论及德国国内的州级立法。最后，将重点讨论德国数据保护的司法实践，包括数据监管及相关案例分享。

**关键字**：德国数据保护；数据权利；个人信息

## 一、引言

本文旨在探讨德国数据保护立法的现状以及针对立法的实践方面提出的一些建议。在当今大数据时代，数据保护法是一个非常重要的议题。对于法律界而言，数据作为新型财产，是一个相对新的概念，因此为数据赋予权利，并规范其使用和流转是一个重要的任务。

本文将按照以下三个部分进行论述。首先，本文将简要介绍德国数据保护法中的重要概念，包括数据权利、信息自决权、隐私权等。为了更好地理解法律政策，本文还将讨论数据、信息、个人数据、个人信息和个人隐私的区别和联系。接着,本文将讨论德国数据保护立法的现状,包括其与欧盟《通用数据保护条例》(即 General Data Protection Regulation,下文简称 GDPR)的关系。众所周知,欧盟有自己的数据保护立法,而德国也有其联邦层面的立法。本文将阐述这两者之间的相互关系,并简要提及德国国内的州级立法。最后,本文将重点探讨德国数据保护的实践,包括对数据的监管以及一些相关案例的分享。

## 二、德国数据权利的概念

### 1. 数据权利的概念

个人数据的概念在各国的表述不同。在欧盟体系下,与个人相关、由个人提供、含有个人信息的数据,都被称为个人数据,均属于GDPR的保护对象。该条例第四条将个人数据定义为"任何指向一个已识别或可识别的自然人的信息"。由于这种客观描述是"可识别"的,并且是对自然人个体的描述,因此需要对其进行保护,以避免自然人个体的权利受到侵害。

在德国,最重要的数据保护法是《联邦数据保护法》,于1991年订立并生效,最后修订时间为2017年10月31日,时间更早于欧盟的GDPR,为欧盟订立数据保护相关法律提供了实践的基础。与欧盟相统一,德国《联邦数据保护法》亦从可识别的角度定义个人数据,即个人数据是指涉及个人或已确定数据主体身份的客观情况的信息。

我国立法并未使用"个人数据"一词,而是使用了"个人信息",其概念和内涵与个人数据基本一致,即从个人信息是否"可识别"的角度进行定义。举例而言,个人信息包括自然人的姓名、出生日期、身份证件号码、生物识别信息、住址、电话号码、电子邮箱、健康信息、行踪信息等与个人相关的广泛信息[①]。德国的立法还规定了一些特殊种类的个人数据,例如种族血统、政治观点和党派信仰等,它们也被纳入到个人数据的定义中。

### 2. 数据信息、个人数据、个人信息和隐私权的概念区分

数据、大数据、个人数据、个人信息和个人隐私之间既有联系,也存在微妙的区别。我国并没有专门的"数据保护法",相对应地,我国使用的是"个人信息保护

---

① 《中华人民共和国民法典》(第四编第六章"隐私权和个人信息保护"第一千零三十四条)。

法"这一术语。在我国，个人信息的定义与德国数据保护法中的个人数据含义相当。

不同国家对数据或信息的命名取决于该国法律体系对于此概念的理解。与德国不同的是，我国对个人数据的定义更加客观，包括一些不含有可识别数据主体身份的客观情况数据，统称为个人数据。因此在我国，个人数据是一个较为广泛的概念，它既包括可识别的个人信息，也包括了企业抓取到的不一定能确定特定个人身份的数据，如用户习惯、上网痕迹等。而个人信息与前述定义相同，即需要是"可识别"的个人数据。

为了解决人类信息记录从纸媒向数字媒介转移的问题，研究数据保护和数据的使用与监管变得至关重要。研究表明，大数据具有4个"V"特征，即大量信息、高速流动、多样化来源以及高价值。数字经济时代，数据量以高速增长的趋势逐年增加。尽管每个数据单独而言可能仅有微小的价值，但当数据量积累到一定程度时，它们可能蕴含巨大的价值。因此，许多在过去数据量较小、不被认为有价值的数据，在大数据时代，却可能通过人工智能爬取，形成数据集，产生重要价值，并引起数据使用者们的争夺。

毫无疑问，在当今的信息科技时代，大数据已成为一个受到广泛关注和争夺的重要资源。因此，我们需要通过法律对大数据进行定义，并进行规范使用。除了个人信息、个人数据之外，还有一个重要的概念——个人隐私，也需要作区分。个人隐私是民法中的一个传统概念，是自然人的人格权保护的重要客体。相对于个人信息，个人隐私更为敏感和隐秘。大数据时代的到来，使得个人隐私不仅存在于线下，也存在于线上，个人隐私作为更为敏感的个人信息，理应得到更高级别的保护，才能确保个人的人格权不受侵害。由于个人数据保护是一个新出现的议题，每个国家在保护个人数据时采取不同的框架。德国将个人数据视为主体人格的一部分，也就是人格权利的一部分。同为大陆法系国家，我国在这方面也借鉴了德国的做法，在制定《民法典》时，将个人信息上升到人格权保护的层面，即个人信息作为人格权项下的一种新型人格利益、作为人格尊严的一部分受到相关法律保护，体现了个人信息保护的重要性。

### 三、德国数据保护立法的现状

#### 1. 德国数据保护的基本立法

德国在个人数据保护方面比我国更加重视，除了在民事私法上的保护，德国更是将个人数据保护上升到宪法层面,将个人数据权视为一种宪法性权利,使其得到最根本的宪法保护。德国《基本法》第一条规定人的尊严不可侵犯,强调尊重和保护个人尊严是所有国家机关的义务。该条款被称为人性尊严条款。这条法律本身与个人数据保护可能并无直接关系,因为在过去人们没有这么多信息和数据时,既不上网也不关注这些东西。但是随着个人信息在网络中的大量收集,人们开始担忧,国家是否能够合法地使用和利用这些个人信息数据。

1983年,德国进行的人口普查将人们对于个人数据保护的担忧推上了顶峰。这年德国在进行人口普查时,收集了大量个人的住址和信用等信息[①]。有人担心国家机构会将个人信息全部公开,导致个人信息被滥用,也侵犯到个人的人格尊严。因此,民众对人口普查这一做法提出了不满与质疑,并诉至法院。联邦法院审理此案后,确实认可了国家有责任保护个人信息的观点,并由此推导出了个人信息自决权的概念,即将个人信息数据保护视为对个人的人格权利的保护。因此,个人信息自决权就相当于放在了基本法的框架下,依照宪法的地位给予保护。在德国的违宪审查制度下,民众可以通过申请违宪审查来突破现有法律框架。通过违宪审查,法院可以决断以前的法律法规及政府的各项做法,是否与新的宪法性权利相违背,如果不符合宪法性权利规定,可以此推翻政府的各项做法。

有了这样的个人信息自决权后,如果政府做错了什么,德国民众便可以通过违宪审查制度对政府进行约束,规范政府的行为。除了在政府等公共领域,我们还需要讨论在私人领域的个人数据保护,即个人偷取、滥用他人数据产生的后果,双方又该如何处理。在开始阶段,德国只针对公共领域的个人数据保护制定了规范,对于个人之间的纠纷,例如窃取数据和滥用数据等,尚无具体规定。

因此,在人口普查案之后,德国以"个人信息自决权"为基础,开始逐渐完善私法领域中平等主体之间个人数据侵权的救济机制。随着数字科技的发展,企业为提供各式服务收集了大量个人数据,而庞大的个人数据信息被集中起来后,可能成为庞大的利益,导致个人信息被企业滥用的情况频发,如个人电话号码被企业出售、盗用,使得个人收到大量垃圾信息。在此背景下,民众越发重视个人数据的储存和使用情况。个人信息自决权也由宪法性权利逐渐演变为一般人格权并得到民事

---

① 《德国个人信息保护的发展》Development of the German Data Protection System,(中国人民公安大学出版社)。

司法体系的保护。这意味着当个人的数据权利受到他人侵犯时，个人可通过民事侵权法律来维护自己的权利或索取赔偿。

在法律的不断演变下，德国已经将信息自决权一般化，将其纳入一般的侵权案件范畴。如果一家公司侵犯了个人的信息自决权，个人可以以控告该公司侵权的方式来维护自己的权益，得到对个人人格的保护。因此，德国在数据监管和数据收集方面的立法比欧盟的立法更为严格。

德国数据保护领域的立法情况相对集中。德国法律属于大陆法系，法律法典化程度较高。一般情况下，当法庭面临新问题时，会通过立法，而不是通过判决来填补法律漏洞。相反的例子是美国，作为英美法系国家，美国通过法院判例对个人隐私权的内涵进行拓展，使其延伸至包括侵犯个人数据的案件。然而，德国在数据保护方面更为出色，早在1977年就颁布了《联邦数据保护法》，并进行了多次修改，更推动了欧盟数据保护的发展。欧盟最早有一部法律叫作《第951461EC号数据保护指令》（"95"法令）的法律，即欧盟GDPR的前身，是数据保护领域最重要的法律之一，也是非常严格的[①]。

《德国联邦数据保护法》根据欧盟法律进行了多次修改。最近一次修改是在2017年，因为欧盟GDPR是在2016年发布的，为了让企业有时间适应和进行合规调整，规定了一个两年的过渡期。在这期间，德国还商议修改了《联邦数据保护法》中与欧盟GDPR不相符的内容，以满足欧盟GDPR的合规要求。

此外，由于德国是一个联邦制国家，各地区具有一定的自治权，所以会有特殊规定。在数据保护方面，中国也有较多地区进行了实践。例如，深圳作为中国特色社会主义先行示范区，先行先试，于2021年7月率先颁布了《深圳经济特区数据条例》，早于《中华人民共和国个人信息保护法》的出台，这也正是一个自下而上的立法过程。

**2. 德国数据保护法律法规与欧盟《通用数据保护条例》的关系**

德国数据保护法律法规与欧盟《数据通用保护法》的关系不难理解，即，德国法律需要符合欧盟法律的要求，而欧盟法律中的某些条款是相对开放的，这些条款

---

① 田晓萍：《欧盟GDPR的域外效力：管辖依据、实施路径、制度效应及启示》，载《国际经济法学刊》，2023年第1期，第20—36页。

给欧盟各成员国留下空间，使其可进行更为具体的立法规定。

举例来说，欧盟的关于数据保护的重要法规是欧盟GDPR。GDPR对欧盟的数据保护监管的观念起到了重要作用。随着数据保护问题的日益凸显，这个领域未来可能成为一个重要的职业选择方向。企业在数据保护方面有较高的需求，尤其需要设立内部部门，并聘请一群专业人员来帮助确保企业符合GDPR的规定。

以腾讯在欧盟市场的运营为例，作为一个在欧盟市场具有显著份额的企业，腾讯为欧盟国家提供在线服务时，都必须满足GDPR的规定。例如，如果腾讯在欧盟境内收集到的数据需要传送至中国，可能会面临一些特殊规定的限制。欧盟有一套关于跨境数据流动的规定，根据这些规定，可能会禁止腾讯等互联网企业将数据传回中国等特定国家。

值得一提的是，德国在数据保护方面还设立了特殊的职位，即数据保护官。这一职位对于确保德国数据保护法的具体实施具有重要意义。此外，欧盟GDPR是以权利主体为重点制定的法规，而德国的法律必须符合欧盟的要求。GDPR是对欧盟法律的进一步细化，特别是腾讯等互联网企业，他们对此进行了深入研究，以引领和推动国内个人信息保护的立法。

具体而言，GDPR涉及了五项重要权利，其中包括知情权和告知同意制度。关于告知同意制度，欧盟的法律主要采用了"选择进入"（opt-in）模式，即在使用软件之前，个人必须明示同意方能被纳入数据处理范围。相比之下，加利福尼亚州的消费者隐私保护法更倾向于"选择退出"（opt-out）的模式，即允许企业默认个人已经同意使用处理个人数据，除非个人明确表示不同意的，可选择退出。由此可见，欧盟的GDPR对企业的要求更为严格，要求企业实施知情同意制度，只有在个人明确同意个人数据的处理后，才能收集使用个人数据。

GDPR还确立了个人数据访问权，这意味着用户可以随时访问其个人数据并了解数据处理的目的和保留时间。此外，用户还有更正权，可以要求更正其个人数据中的错误信息。这些权利有助于确保个人数据的准确性和透明性。

另一个重要权利是被遗忘权，这是一个关键概念，特别是在网络时代。被遗忘权意味着用户可以要求删除其过去的个人数据，尤其是那些可能对其人格尊严造成伤害的数据。这一权利强调了用户对于重生和重新开始的需求，以及他们不希望过去的错误或不良行为一直被保留在网络上。

此外，数据可携带权也是一个重要的权利，它允许用户将其个人数据从一个平台转移到另一个平台。这为用户提供了更多的选择和控制权，因为他们可以选择将其数据带到他们信任的平台，而不是被迫让数据一直保留在一个地方。

尽管这些权利在国内法律中存在，但复制权的落实可能存在一些技术上的挑战。这是因为不同平台存储数据的格式可能不同，所以将数据从一个平台复制到另一个平台可能需要解决技术和格式转换的问题。尽管法律赋予个人用户携带数据的权利，但实际操作中可能会遇到一些困难。

总体而言，这些权利的确立是为了确保用户的个人数据得到充分的保护，增加用户对其数据的控制权，以及为客户提供更多的隐私和数据安全保护。随着个人数据、个人隐私保护法律的不断发展，互联网企业将不得不适应这些新的法规，以确保它们的数据处理符合法律要求，同时保障用户的合法权益。

然而，数据的访问和使用往往不均衡，并且对个人数据的合规要求可能会对中小型企业构成重大挑战。一个主要问题是大型平台将可能吸引用户迁移数据过去，并借此垄断数据，使得小型企业不断流失用户和数据。由于无法访问足够的数据，中小型企业将可能失去在市场上生存和发展的机会。

因此，在解决数据访问和使用的问题时，德国法律提供了一些权利和例外情形。例如，德国法律在欧盟GDPR访问权的框架下，设置了数据访问权的例外情形，即当数据用于科研，且为提供信息所花费的成本与数据价值不成比例时，数据提供者可以拒绝提供数据。这个例外情况是为了确保在某些情况下，数据提供者不会因为成本过高而被迫提供数据，这有可能妨碍科研的进行。

此外，数据保护和数据流动之间存在一种平衡。数据保护是非常重要的，特别是涉及个人数据时。但同时，数据的共享与流动也至关重要，因为数据在被使用时可以创造价值。与其他物品不同，数据可以无限复制和使用，而不会被消耗，其价值正是体现在流动性上。

总体而言，德国的数据保护法与欧洲法规的区别在于，它试图在保护个人数据的同时促进数据的流动，以确保数据能够创造更多的价值。它在一些情况下提供了豁免，以进一步促进数据的流动。除了科研例外情况外，还有一些情况，比如法定要求不能删除数据，或者数据的提供成本非常高。在这些情况下，数据提供者可能不会被要求提供数据，以确保合理的数据保护和促进数据的流动。

## 四、德国数据保护的实践

### 1. 数据保护官（DPO）

数据保护官是在适用情况下指定的帮助遵循GDPR规定的人员[①]。数据保护官尽管不必是律师，但需要具备数据领域的专业知识。为了符合GDPR的要求，他们需要满足一定的专业要求，并被指定为某些企业的数据保护官或GDPR代表。

欧盟GDPR要求机构在三种情况下设立数据保护官：首先，机构为公共主体，包括政府机构和事业单位，特别是在处理公共信息和征税方面，因为这些机构具有大量权力和数据收集责任。其次，机构对数据主体的数据监控和使用是系统性和常规化的，且规模较大，如互联网巨头就需要指定数据保护官以确保数据合规性。最后，机构涉及收集和处理一些敏感数据，例如犯罪数据、医疗数据、生理数据等。对于处理敏感数据的机构，因为这些数据对个体的重要性较高，也受到特殊关注。

德国法律在欧盟法规的基础上进一步细化，要求处理规模较大的机构必须雇佣至少20名自动处理个人数据的员工，并提供数据保护影响评估报告。此外，商业机密传输和市场调查也需要严格处理个人数据，尤其是在大规模的民意调查中。对于违反数据保护法规的情况，联邦和州级政府设立了监督机构，并可以对违规者进行罚款。这些法规的实施旨在确保个人数据得到充分的保护，以防止其被滥用。

### 2. 违规处罚和案例

在德国，违反欧盟GDPR的规定，可能会导致严厉的违规处罚，这些处罚主要是针对个人数据的滥用和违规处理，例如未经授权的个人数据共享、销售或访问。处罚力度主要取决于违规行为的程度以及违规企业的全球年度营业额。

① 处罚力度：

根据GDPR的规定，对于个人数据的违规处理，处罚力度相对严厉。这些处罚根据违规行为的程度和全球年度营业额来确定。

---

[①] 欧盟代表是欧盟地区之外的客户在适用情况下指定的代表，负责处理GDPR规定的义务。

② 罚款额度：

对于违规企业，罚款可能非常高。最低的罚款额度为1000万欧元或者全球年度营业额的2%，取两者中的较高者。对于更严重的违规行为，罚款额度可能高达2000万欧元或全球年度营业额的4%，取两者中的较高者。

③ 案例示范：

以德国的某房地产公司为例，该公司因未提供数据删除选项、未提供数据评估报告以及未合规存储数据而被处以1450万欧元的罚款。

在这个具体的案例中，我们可以深入了解德国某房地产公司因违反GDPR而面临的严重后果。该公司被罚款1450万欧元的原因主要涉及三个方面的违规行为。

首先，该公司未提供数据删除选项，这违反了GDPR对数据主体权益的保护要求。GDPR明确规定了数据主体有权要求企业删除其个人数据，而这家公司未能为用户提供删除选项，显然违反了这一规定。

其次，公司未提供数据评估报告，这也是对GDPR规定的违反。数据评估报告是确保企业合规的关键步骤之一，它有助于监管机构和数据主体了解企业如何处理和保护个人数据。

最后，公司未合规存储数据，这是对GDPR中数据处理和存储原则的违反。GDPR要求企业采取适当的技术和组织措施来保护个人数据，而该公司的偏差表明其未能履行这一义务。

这个案例凸显了GDPR对于保护数据主体权益的强调，即使是在商业环境中，也必须严格遵守对个人数据的处理规定。此外，案例还凸显了监管机构在执行GDPR时的主动性，以及提前提醒违规企业并强调在过渡期内合规的重要性。

监管机构的提前警告是为了给企业机会以期在过渡期内能采取纠正措施，避免更严重的违规后果。如果企业在合规期限内未采取有效措施，根据GDPR的规定，可能会面临更高额的罚款。这是对违规企业的进一步警示，强调了合规和及时采取措施的紧迫性。这也反映了GDPR的执行机制，督促企业更加积极地保护和管理个人数据，确保其在数字时代的合法、公正和透明。

④ 数据滥用示例：

数据滥用的案例包括非法访问中央交通信息系统以获取车主车牌信息，以及未经允许访问个人信息以与个人联系。这种数据滥用行为可能导致严重的隐私侵犯，因此在GDPR约束下会受到严厉的惩罚。

综上所述，GDPR对数据保护和个人隐私的维护提出了严格的要求，并为监管机构提供了强有力的处罚工具，以确保企业和组织遵守规定，保护个人数据的安全和隐私权益。与此同时，案例示范了违规行为的后果，强调了合规和及时采取措施的重要性。这有助于确保个人数据在数字时代得到充分的保护和尊重[①]。

---

① 周灵、林旸:《比较视野下的数据权属立法研究》，载《宁波大学学报》（人文科学版），2022年9月，第35卷第5期，第108-115页。

主题二

# 德国教育及人才培养

# 工业技术文化视角下德国技术人才培养体系课程设置思考

陈子琛　深圳技术大学外国语学院德语系

**内容提要**：本文从工业技术文化视角出发，将职业就业体系与教育培训体系的衔接性作为德国技术人才培养体系课程研究的切入口，分析了德国职业分类标准和德国资格框架标准的内容，为技术人才培养研究与对比提供了落脚点，为课程内容设置提供了建议与参考。不同的文明因机器与技术在社会发展中有了强大的共性，但也在不同地域产生了别具特色的工业技术文化。这种工业技术文化与技术人才培养体系相互影响，互为表征。工业技术文化影响着德国教育培训体系多元化的产生与发展，也使得德国对其职业体系有着独特的理解。德国标准职业分类的双维度四等级与德国资格框架的双维度八等级实现了不同类型的教育培训内容和职业不同类别的需求在等级与质量标准上的统一。职业界与教育界随着社会发展同劳动者在知识、技能、素质、资格要求上的相互适应，使得该社会两大子系统也因标准化和灵活性产生了紧密的衔接和贯通，从而为社会高质量地提供技术人才。最后，以多维度的视角研究相关技术涉及的职业和资格标准与教育培训实现，有助于实现对技术人才体系的研究和比对，也有助于加深对德国技术文化的理解。

**关键字**：德国工业技术文化；技术人才；职业体系标准；职业分类；教育体系标准；国家资格框架

## 一、引言

本文是基于笔者题为"'德国技术人才培养体系'课程思考"的读书会演讲整理而成的，旨在阐述德国技术人才培养体系在工业技术文化视角下的内涵以及分析其研究目标与研究内容，并通过多维度的思考分析，对德国技术人才培养体系课程内容进行构建。

研究德国技术人才培养体系的原因在于德国在工业制造业、科研领域的强大以及与之匹配的完善的教育体系、人才培养体系。而德国模式的成功在于其背后独有的工业技术文化。所谓工业技术文化是指在工业化进程中，围绕着技术与机器、企业与生产而形成的一整套行为规范。[①] 伴随着近现代工业的发展，工业技术文化已浸润在人类文明中的各个领域，与社会发展相互影响。在高效率、高效益、标准化、批量化生产制造，专业化、层级化分工管理，制度化约束等工业化特征的基础上，受马丁·路德的宗教改革、德国理性主义思想及其教育哲学的影响，德国人将其对职业、专业、理性、伦理、美学等的理解融入工业发展中，形成了独有的德国工业技术文化。工业技术文化作为抽象实体，弥散渗透呈现在政治、经济、社会、教育等领域中，并由现实领域的观念、思想、精神、制度、组织、实体等因素所共同建构。[②] 技术人才是按照社会工业发展逻辑培养的所需人力资源，其培养体系包含了协同建构工业技术文化的行动者及其所承载的功能、相应的政策制度、质量标准等，是工业技术文化的重要表征。

本文从"技术人才"中的技术定义出发，确定课程的研究对象。接着，本文将从技术人才作为连接职业界和教育界的桥梁的角度出发，梳理职业界中的职业分类标准和教育界中的国家资格框架，阐述其独特性，并将其作为技术人才培养体系研究的切入口和落脚点，为后续中德两国技术人才培养体系提供对比标准。最后在此基础上思考德国技术人才培养体系课程在工业技术文化多维度视角下的内容设置。

---

[①] 陈洪捷：《德国工业技术文化与职业教育（笔谈）——工业技术文化视野中的德国应用科学大学》，载《中国职业技术教育》，2021年第36期，第19页。
[②] 徐宏伟：《工业技术文化视野下德国工商业协会的职业教育实践》，载《高等职业教育探索》，2022年第5期，第33页。

## 二、技术人才培养体系概念界定

技术人才培养体系应包含：技术人才的定义与内涵、分类体系和资质标准，以及教育培训的实现系统。在本课程研究的背景下，技术人才的范围包含技能人才。在工业时代的初始，社会劳动者因为初期生产方式的单一性，在工作中大体都属于技能型劳动力，然而随着时代发展、科学突破、技术革新，生产方式发生了巨大转变，工作内容和管理开始标准化、制度化、分层化。在批量化、流水化的生产制造体系下，由于分工的不同，出现了技术人才和技能人才的划分概念。技能人才一般指在生产制造服务领域中处于岗位一线并运用技能实操的作业人员，也就是俗称的"蓝领"；而技术人才（隶属于我国国家职业分类大典中的专业技术人才）一般指在特定技术领域中解决岗位组织管理与服务等技术实践问题的人才，也就是俗称的"白领"。

从技术与技能的关系来看，二者紧密连接，具有不可分性。广义上的技术属于工程科学范畴下的工程技术，狭义上的技术指职业科学概念下的职业技术，即通常所指的涵盖工艺技巧、劳动经验、信息知识和工具装备的技术，也就是整个社会的技术设备、技术资料和技术人才的技术。[1] 技能从心理学的角度是指人们通过练习而获得的动作方式和动作系统，可指操作活动方式与心智活动方式。[2] 在国际劳工组织发布的《国际标准职业分类》（ISCO-08）中，经济合作与发展组织将技能定义为能完成工作流程、以负责的方式运用知识实现目标的能力和潜能，技能在此被分为认知和元认知技能、社交和情感技能、实践技能与身体素质。

随着经济社会快速发展，技术变革带动着产业升级，出现了新的生产方式、产业形态、商业模式，职业领域与工作内容不断融合更新。面对积极再工业化的发达国家和努力工业化的新兴国家带来的压力、地缘政治不稳定的因素，再加上我国劳动力市场上技能错配的长久压力，我国社会劳动力对能力素养提升有了新的要求。技术技能人才这一概念在2018年第一次出现在中央文件《关于分类推进人才评价机制改革的指导意见》中，该概念及其相关要求的提出是为了满足我国因经济社会快速发展与技术变革对大量复合型人才的需求。其核心要义为"技能人才技术化、技

---

[1] 姜大源：《职业教育：技术与技能辩》，载《中国职业技术教育》，2008年第34期，第34页。
[2] 彭聃龄：《普通心理学》，北京：北京师范大学出版社，2004年版，第404、405页。

术人才技能化"①。该概念创新性地将技能人才与技术人才糅合在一起，与之对等的就是本课程技术人才培养体系中的技术人才概念，即同时包含技能人才与技术人才。

在课程设计中，更加注重从历史角度梳理对技术、技能的定义，尤其是在德国工业技术文化视角下进行多方位的探讨，有助于理解德国的职业技术教育系统。

## 三、技术人才培养研究的双切入点

在探索技术人才培养时，由于专业课程设置偏向的问题，容易陷入从纯粹的学科教育体系出发的情况，然而技术人才无法仅从专业划分，也无法从受教育等级或者教育机构类型上进行区分。职业系统和教育系统之间存在紧密联系，无法割裂。教育界培养的对象是未来的技术人才，其能力和素质要求由职业界决定。技术人才作为社会生产劳动力中的重要构成部分，一方面要达到职业工作进程所需的职业能力与素质要求，另一方面也要达到教育和培训组织对其培养后所具备的能力与素质要求。因此技术人才的质量能反映出社会的职业界与教育界之间的衔接性和匹配性。技术人才在社会生产中，根据其所在的技术领域进入相关职业，在特定岗位上完成工作任务。在《国际标准职业分类》（ISCO-08）中，岗位指个人为雇主或作为自营职业者从事或打算从事的一系列任务和职责；职业指其主要任务和职责具有高度相似性的一系列岗位；技能指完成特定工作任务和职责的能力。②因此具体到特定技术人才培养时，应根据产业行业所需要发展的相关技术领域，确定其具体岗位及职业角色要求，根据相关的职业标准、资历框架，探寻教育实现的路径。

### 1. 德国标准职业分类

在制定职业标准的时候，职业分类是其重要依据，能帮助国家政府的人才布局和发展规划，对推动产业发展、促进经济高质量发展起到关键作用。《德国职业分类》③于2021年正式生效，该分类规范由联邦统计局（das Statistische Bundesamt），联

---

① 范巍：《全面推行职业技能等级制度 畅通拓宽技能人才成长通道》，2022-4-28，http://www.mohrss.gov.cn/xxgk2020/fdzdgknr/zcjd/zcjdwz/202204/t20220428_445809.html，访问日期：2024-1-21。
② International Classification of Occupations (ISCO), International Standard Classification of Occupations (ISCO) - ILOSTAT，访问日期：2024-1-21。
③ Klassifikation der Berufe 2010 – überarbeitete Fassung 2020, https://statistik.arbeitsagentur.de/DE/Navigation/Grundlagen/Klassifikationen/Klassifikation-der-Berufe/KldB2010-Fassung2020/Publikationen/Publikationen-Nav.html;jsessionid=C89ECB0C13B98F7AC53A14B4E95701D9，访问日期：2024-1-21。

邦劳工与社会保障部（das Bundesministerium für Arbeit und Soziales），联邦教育与研究部（das Bundesministerium für Bildung und Forschung），联邦食品、农业和消费者保护部（das Bundesministerium für Ernährung, Landwirtschaft und Verbraucherschutz），联邦环境、自然保护及核保护部（das Bundesministerium für Umwelt, Naturschutz und Reaktorsicherheit），联邦经济和技术部（das Bundesministerium für Wirtschaft und Technologie），联邦职业教育研究所（das Bundesinstitut für Berufsbildung），社会与经济数据委员会（der Rat für Sozial- und Wirtschaftsdaten）等相关部门及社会专家参与制定和修订。《德国职业分类》的分类规范体现了德国劳动力市场的特点，既凸显了德国的特定职业结构，同时也尽可能与国际标准职业分类（ISCO-08）进行了兼容与适配。

在职业分类中，德国从定义的系统结构性、内容描述性功能，目标群体和普适性的表述两方面出发，对职业一词进行定义，实现其结构分类的合理性。职业在此语境下有三个特征：①职业概念不涉及个体，只与工作（Tätigkeit）相关。②职业是一系列工作活动的集合。③职业由职业专业性和要求等级两个维度构成。职业专业性指的是一个职业所需的知识和技能以及所要执行的特定工作活动。要求等级对应的是从事特定职业须具备的知识和技能的复杂度，体现了相关职业和职业场景的特征。在此理解下，德国职业分类体系以职业专业性作为横向维度，以要求等级为纵向维度进行划分和描述。

根据职业专业性维度的划分，德国职业领域依照其相似性划分为5层、10领域，如表1、表2所示。

表1 德国职业标准分类[①]
图表数据来自于德国劳工部职业分类2010（2020修订版）

| Ebene 层次 | Bezeichnung der Gliederungsebene 分层级别名称 | KldB 2010（überarbeitete Fassung 2020）职业分类标准2010（2020修订版）数量 |
| --- | --- | --- |
| 1. Ebene | Berufsbereich 职业领域 | 10 |
| 2. Ebene | Berufshauptgruppe 职业大类 | 37 |

---

① Klassifikation der Berufe 2010 – überarbeitete Fassung 2020, https://statistik.arbeitsagentur.de/DE/Navigation/Grundlagen/Klassifikationen/Klassifikation-der-Berufe/KldB2010-Fassung2020/Publikationen/Publikationen-Nav.html;jsessionid=A1A6C67E5FFB9B0A20EDF9F751A93300，访问日期：2024-1-21。

（续表）

| Ebene 层次 | Bezeichnung der Gliederungsebene 分层级别名称 | KldB 2010（überarbeitete Fassung 2020）职业分类标准2010（2020修订版）数量 |
|---|---|---|
| 3. Ebene | Berufsgruppe 职业中类 | 144 |
| 4. Ebene | Berufsuntergruppe 职业小类 | 702 |
| 5. Ebene | Berufsgattung 职业细属 | 1300 |

表2　德国职业标准分类[①]
图表数据来自于德国劳工部职业分类2010（2020修订版）

| 职业领域 | 职业大类数量 | 职业中类数量 | 职业小类数量 | 职业细属数量 |
|---|---|---|---|---|
| 1. 农、林、畜牧、渔、园艺 | 2 | 9 | 41 | 84 |
| 2. 原材料开采、生产、制造 | 9 | 30 | 151 | 320 |
| 3. 土木、建筑、测量、楼宇技术 | 4 | 10 | 59 | 118 |
| 4. 自然科学、地理、信息技术 | 3 | 11 | 61 | 110 |
| 5. 交通运输、物流、保护、安全 | 4 | 15 | 71 | 124 |
| 6. 商业服务、商品贸易、销售、酒店、旅游 | 3 | 12 | 50 | 84 |
| 7. 企业组织、会计、法律、行政管理 | 3 | 11 | 54 | 110 |
| 8. 卫生健康、社会服务、教育 | 4 | 21 | 112 | 188 |
| 9. 语言学、文学、人文科学、社会科学、经济学、媒体、艺术、文化、设计 | 4 | 21 | 99 | 158 |
| 10. 军队 | 1 | 4 | 4 | 4 |
| 合计 | 37 | 144 | 702 | 1300 |

---

[①] Klassifikation der Berufe 2010 – überarbeitete Fassung 2020, https://statistik.arbeitsagentur.de/DE/Navigation/Grundlagen/Klassifikationen/Klassifikation-der-Berufe/KldB2010-Fassung2020/Publikationen/Publikationen-Nav.html;jsessionid=A1A6C67E5FFB9B0A20EDF9F751A93300，访问日期：2024-1-21。

《中华人民共和国职业分类大典》将职业定义为：从业人员为获取主要生活来源所从事的社会工作类别。[①] 职业分类大典以"工作性质相似性为主，技能水平相似性为辅"的原则将职业分为8个大类、79个中类、449个小类、1638个细类的四层级结构[②]。第一层的大类划分为：第一大类——党的机关、国家机关、群众团体和社会组织、企事业单位负责人；第二大类——专业技术人员；第三大类——办事人员和有关人员；第四大类——社会服务生产服务的人员；第五大类——农、林、牧、渔生产和辅助人员；第六大类——生产制造及有关人员；第七大类——军人；第八大类——不便分类的其他从业人员。

从两国官方职业分类标准文件可以看出，德国职业分类依照其对职业的定义和划分的维度，在职业领域分类上已与我国的职业分类有了很大的不同，具体层级划分也因两国制度、产业等国情的差别，产生了较大的区分。

德国职业分类标准在职业的要求等级上有4个等级，这些要求与正规职业资格密切相关。因为在德国，尽管工作经验和非正规职业培训可以作为适当的替代，但大多数职业和工作的要求等级都是以资历认定证书为导向的，而且职业的要求等级依然是不与个人相关，而是与工作活动相关。德国职业分类的职业小类（第四层次）根据要求等级进一步细化，产生了职业细属（第五层次）。不同细属的要求等级可分单个或同时具备多个。

德国的职业4层级要求等级为：

第一等级——助手级和半熟练职业活动。

第一等级的职业通常涉及简单、不太复杂或常规的活动。一般来说，从事这些活动只需要很少或根本不需要特殊的专业知识。由于这些活动的复杂程度较低，一般不需要正式的职业资格或只需要一年（规范的）职业培训。所以，所有助手级和半熟练工作以及经一年正规职业培训的职业都被归入此等级。

第二等级——专业指向性活动。

要正确从事这些活动，就必须具备扎实的专业知识和技能。该要求等级通常需

---

① 李文东，时勘：《美国国家标准职业分类系统的发展概况及对我国的启示》，载《中国软科学》，2006年第2期，第87页。
② 赵宁，范巍：《我国职业分类工作的建设与发展：历史的视角》，载《中国人事科学》，2023年第1期，第47页。

要完成两到三年的职业教育才能达到。在职业专业学校等教育机构获得职业资格证书，具有相关工作经验和/或非正式职业教育也符合该等级要求。若经培训的残疾人从事的工作获得的复杂程度上与技术工人的工作相对应，该职业也被归类为该要求等级。

第三等级——复杂的专业性职业活动。

该要求等级比第二等级更加复杂，涉及更特殊的知识和技能，对专业知识的要求更高。此外，该等级的职业活动还要求完成高级专业和管理任务。除相应的专业活动外，该要求等级的职业活动还具有规划和检查活动，如工作准备、生产资料规划和质量检查与保障。这些所需的知识和技能通常由职业继续教育来进行培训。在此之前已接受过师傅或技术员职业培训，或者具有职业专科学校或高校颁发的同等资格证书的人员可从事该等级的职业活动。同等资格证书包括：专科学院或职业学院的资格证书、前东德专科学校的学位证书，以及高校的学士学位。在许多情况下，具有相关的专业经验和/或非正式职业培训的人员也具备该要求等级的职业活动。

第四等级——高度复杂的职业活动。

如果职业活动的复杂程度非常高，或需要相应高水平的知识和技能，则将其归入该要求等级。该等级的职业以高度复杂的活动为特征。这些活动包括但不限于开发、研究和诊断活动，知识教授以及（大）公司内的管理和领导任务。通常，这些职业需要至少四年的高等教育和/或相应的专业经验。通常要求的资格是大学学位（硕士学位、文凭、国家考试或类似证书）。某些职业或活动可能还需要博士学位或大学执教资格。

从德国职业分类标准看，德国的分类体系更具备职业的专业性、针对性和普适性。在课程探讨德国职业分类标准中，应进一步对德国职业分类的两个维度进行探讨，可研究其背后的理论依据、实证分析的方式，和《国际标准职业分类》（ISCO-08）区别之所在，以及如何为和国际比较适配作出调整。同时也需要对德国独特的职业标准进行研究。有别于其他国家，德国的（社会）职业标准很大程度融合在职业教育中的教育职业（Ausbildungsberuf）标准之中。教育职业根据社会劳动力市场上的职业和岗位所要求的技能知识素养等进行专业性培养，在人才培养上提出了相应的教学内容、评价要求和规格，保障了人才培养和社会劳动力市场需求之间的稳定连接和相互影响。因此以职业体系中的职业分类和标准为切入口进行研究和探索，对后续研究德国技术人才教育培养路径实现的模式能起到重要的作用。

**2. 德国资格框架**

在研究以社会生产、产业需求为导向的技术人才培养体系中,教育培训体系是研究的另一个切入口。涉及教育培养体系的相关课程,往往从德国高等教育类型与历史发展、职业教育的概况、基础教育中的STEAM教育内容,以及德国教育思想等方面出发,阐述德国的人才培养体系。因此缺失了从顶层设计、从宏观层面出发的研究视角,失去了研究德国职业界和教育界之间关系的关键纽带。

在欧洲资格框架下,德国建立了自己的国家资格框架(Deutscher Qualifikationsrahmen),其目标是使得德国的资格体系更加透明;支持和保障教育系统内的可靠性和渗透性以及职业教育和普通教育之间、职业教育和高等教育之间的等值性,同时使得资格之间的区分更加明显;为教育体系和职业体系中的有关各方提供转换工具,以更好地对资格进行区分并促使在德国获得的资格在欧洲得到承认;明确普通教育、职业教育和高等教育包括继续教育的等值性;以最大可能性促进学习者和从业人员在德国与其他欧洲国家之间以及德国国内的流动性;促进资格以能力为导向;促进以学习成果(结果导向)为导向的资格化过程;以及提高对非正规和非正式学习成果的承认和计算,以加强终身学习。

为了保证和欧洲资格框架之间的可比性与流通性,德国资格框架匹配了欧洲资格框架的8个等级结构,但在表征上使用了更多的类别以及扩展了相关描述,以体现德国教育体系追求的学习成果和对"能力"一词的全面理解。能力概念在德国资格框架中的核心地位与引入等级指标和四支柱结构密切相关。它表达了德国教育体系所有领域的核心目标,即让学习者获得全面综合的行动能力,它指的是个人运用知识、技能、社会能力和方法能力,同时以深思熟虑、独立自主和具有社会责任感的方式进行行动的能力和意愿,如表3所示。

表3 德国资格框架等级结构[①]

| 等级指标 | | | |
|---|---|---|---|
| 等级指标阐明了在学习或工作领域、学科专业或职业工作活动领域的要求结构 | | | |
| 专业能力 | | 个人能力 | |
| 知识 | 技能 | 社会能力 | 独立性 |
| 宽度;<br>深度 | 工具性技能;<br>系统性技能;<br>评价能力 | 团队合作能力/领导能力;<br>共同构筑能力;<br>交流能力 | 独立性/责任;<br>反思力;<br>学习能力 |

① Handbuch zum Deutschen Qualifikationsrahmen, https://www.dqr.de/dqr/shareddocs/downloads/media/content/dqr_handbuch_01_08_2013.pdf?__blob=publicationFile&v=2, 访问日期:2024-1-21。

与欧洲资格框架不同的是，德国资格框架根据德国自身职业界和教育界的特点，将欧洲资格的描述体系改为两大维度，四个支柱结构维度，为了充分反映行为能力的各个方面，每个等级以及在采用的四支柱结构下的每个指标都有一段简短的文字描述。德国资格框架将欧洲框架里的知识和技能转为专业能力，再由宽度和深度两个指标对专业能力下的知识层面进行划分描述，用工具性、系统性和评价能力三个指标来划分描述技能；将能力转为个人能力，并细化为社会能力和独立性，分别用团队合作或领导能力、共同构筑能力、交流能力、独立性或责任、反思力和学习能力来划分描述，如表4所示。

表4 德国资格框架等级标准描述[①]

| 等级 | 标准描述 |
| --- | --- |
| 1 | 具备在结构清晰、稳定的学习或工作领域完成简单要求的能力，并在指导下完成任务。 |
| 2 | 具备在一个结构清晰、稳定的学习或工作区域内，以专业的方式，在尽可能的指导下完成基本要求的能力。 |
| 3 | 具备在相对清晰且部分开放的结构化学习或职业活动领域独立完成专业要求的能力。 |
| 4 | 具备在范围广泛、不断变化的学习领域或职业活动领域独立规划和处理专业任务的能力。 |
| 5 | 具备在复杂、专业、多变的学习领域或职业活动中独立规划和处理广泛任务的能力。 |
| 6 | 具备在学术专业的部分领域或职业领域的部分领域规划、处理和评估广泛专业任务和问题，以及独立管控流程的能力；要求结构具有复杂性和经常变化的特点。 |
| 7 | 具备在学术专业或以战略为导向的职业活动领域处理新的、复杂的任务和问题以及自我负责地管理流程的能力。要求结构的特点是变化频繁且不可预测。 |
| 8 | 具备在学术专业领域获取研究知识或在职业活动领域开发创新解决方案和方法的能力。要求结构的特点是新颖、不明确的问题。 |

---

[①] Handbuch zum Deutschen Qualifikationsrahmen, https://www.dqr.de/dqr/shareddocs/downloads/media/content/dqr_handbuch_01_08_2013.pdf?__blob=publicationFile&v=2, 访问日期：2024-1-21。

通过多维度、多层级的划分，德国资格框架融合了教育体系中的学历资格体系和职业体系中的职业资格体系，包含了普通教育、职业教育、高等教育、继续教育和非正规教育，打通了不同教育类型间的壁垒，将不同类型和层次的人才培养纳入了横向互通、纵向贯通的统一标准体系中（表5），同时给予了资格随着社会变化不断更新的空间。

表5 德国资格框架已纳资格概览[①]
（注：*该框架内后续将纳入的职业晋升培训的其他资格）

| 等级 | 资格 |
| --- | --- |
| 1 | 职业教育预备；劳工局职业预备教育措施；职业预备年 |
| 2 | 职业教育预备；劳工局职业预备教育措施；职业预备年；入门资格培训；职业专科学校（职业基础教育） |
| 3 | 双元制职业教育（2年制）；职业专科学校（中学毕业） |
| 4 | 双元制职业教育（3~3.5年制）；职业专科学校（助理职业）；职业专科学校（完整资质的职业教育） |
| 5 | IT专家（获认证）★；服务技术人员（经考试）★ |
| 6 | 学士；专业商务人员（经考试）★；专科学校（经国家考试）；专业商务管理人员（经考试）★；师傅（经考试）★；专业操作人员（IT）（经考试）★ |
| 7 | 硕士；策略专家（IT）（经考试）★ |
| 8 | 博士 |

德国的教育培训体系通过系统化、标准化，与职业界的就业工作体系成功衔接匹配。德国职业标准分类的4个要求等级和德国资格框架的8个水平等级从低到高形成了紧密的对应关系。技术革新、产业升级使得职业界对教育培训界提出了新的培养要求，教育培训界培养模式的发展更新能促进人才劳动力的发展，使动态变化的社会产业需求和职业布局与多元化的人才培养供给有稳定的连接桥梁。

---

① Handbuch zum Deutschen Qualifikationsrahmen, https://www.dqr.de/dqr/shareddocs/downloads/media/content/dqr_handbuch_01_08_2013.pdf?__blob=publicationFile&v=2, 访问日期：2024-1-21。

### 四、多视角研究技术人才培养体系课程

技术人才培养体系研究的双切入口，即国家对教育培训体系的标准和职业就业体系的标准以及相互影响作用的衔接度，使得中德两国的技术人才培养体系有了从宏观层面上比较研究的共性和落脚点，再通过工业技术文化的视角，可以从政治、经济、社会、教育、哲学、历史等方面多维度地分析职业体系和教育体系标准的影响因素，从而得出中德技术人才培养体系的独特之处。在课程设置中可选取特定的技术领域，比如：从历史和相关学科的视角研究该技术的诞生、发展与影响；从结构的角度研究参与人才培养体系的行动者的类别与功能；从政治、社会等视角研究该体系背后的制度政策、调控与利益博弈；从教育的角度研究人才培养的学科专业课程设置与质量评估；从哲学的角度研究影响该体系独特性的思想观念；等等。

# 德国业余大学作为终身教育机构之研究

李琦琦　深圳技术大学外国语学院德语系

**内容提要**：德国业余大学（Volkshochschule）是德国重要的教育机构。作为德国的终身学习机构，其课程范围包括政治和文化教育、语言、融合课程、健康教育、职业培训和有针对性的就业促进培训、基础教育和第二次机会教育等。其为各社会群体提供不设限的教育培训和灵活的学习机制，帮助民众提升知识和技能、提高就业竞争力和丰富爱好，有效促进了个人发展和社会进步。

**关键字**：全民教育；教育理念；业余大学；终身教育

## 一、引言

有着百余年历史的德国业余大学（Volkshochschule）是德国重要的成人终身教育机构，是德国教育体系中一个不能忽视的部分。德语词Volkshochschule作为复合词由两个部分组成：Volk（人民）和Hochschule（高校），其命名方式也很好地体现了其作为为全民提供教育机会的机构的本质职能。百年来德国业余大学在德国各地都是不可或缺的民主教育场所，不同背景的人们相遇在此，共同学习。在各州政府和联邦政府的支持下，截至2017年，德国境内有895所业余大学，受城市、社区和县城的直接或间接管理，每年约有900万人参加共约70万学时的有关教育、职业、文化和政治等方向的课程。[①] 德国业余大学通过它们的课程来组织

---

① „Volkshochschule-Bildung in öffentlicher Verantwortung", https://www.volkshochschule.de/medien/downloads/verbandswelt/dvv/selbstververstaendnis/vhs_Kurzfassung_final.pdf, 访问日期：2023-12-30。

和支持全民终身学习，旨在帮助民众适应不断发展的世界，并积极参与社会、文化和就业，是维护民众受教育权利和终身学习权的代表。在社会中，德国业余大学的存在对于消除教育障碍、促进学习机会公平化和加强社会凝聚力等方面起着决定性作用。本文将通过梳理德国业余大学的发展历程与现状，分析其特点，以期为我国的成人教育机构研究工作提供参考。

## 二、起源和发展

从1871年德意志帝国成立到第一次世界大战结束的这段时期可以被视为德国业余大学的早期历史。在那些年里，德国各地都陆续发展起一些面向大众的成人教育机构。比如，1878年马克斯·赫希（Max Hirsch）在柏林创办了洪堡学院（Humboldt-Akademie），该校于1915年成为了柏林地区的德国业余大学，其目标是"通过系统的讲座和合适的方式，为那些不能上大学或已经离开大学的人提供学术继续教育的机会，使学员们与发展的科学保持同步"[①]。而当时在此授课的讲师有来自建筑学、语言学和经济学界的很多著名学者。除此之外，该机构还与当地的工会合作为教育弱势群体提供课程。与此同时，法兰克福人民教育协会（Frankfurter Bund für Volksbildung）等机构也相继成立。而同一时期的巴伐利亚州在不同政治和社会群体的支持下，也发展了多样化的公共教育系统，成立了大众教育协会，它们也是巴伐利亚州的业余大学的先驱。值得一提的是，大众教育的推动还得益于大学扩张运动。1896年，慕尼黑大学和慕尼黑工业大学的教授携手成立了慕尼黑业余大学协会（Volks-Hoch-Schul-Verein München），并在此举办大学讲座，目的是普及科学知识。而此时的埃尔朗根和维尔茨堡等城市也陆续出现了类似的举措。[②]

第一所德国业余大学出现在魏玛共和国时期。1919年，德国业余大学甚至还被赋予了宪法地位，《魏玛宪法》第148条第4款规定："帝国、各州以及地方应促进国民教育，包括国民大学/业余大学。"[③] 因此，在这个大背景下，仅仅在这一年里

---

① „Humboldt-Akademie Humboldt-Akademie", https://de.wikipedia.org/wiki/Humboldt-Akademie, 访问日期：2023-12-30。
② Bernhard Schoßig, „Volkhochschulen (20.Jahrhundert)", https://www.historisches-lexikon-bayerns.de/Lexikon/Volkshochschulen_(20._Jahrhundert), 访问日期：2023-12-30。
③ Bernhard Schoßig, „Volkhochschulen (20.Jahrhundert)", https://www.historisches-lexikon-bayerns.de/Lexikon/Volkshochschulen_(20._Jahrhundert), 访问日期：2023-12-30。

德国全国就诞生了139所业余大学，其创建宗旨在于为以前无法获得教育的人提供教育。随着教育制度的逐步完善，业余大学也变得越来越重要和受欢迎。以耶拿业余大学为例，它成立于1918年，仅在成立一天后就有大约2000人进行注册，可见其非常受民众的欢迎。在1918年至1920年期间建立的业余大学绝大多数也都延续至今。魏玛时期的业余大学主要分为城市和农村两种类型。城市里的学校是以夜校形式存在，学生主要来自中产阶级和工人阶级。他们包容任何政治理念、价值理念和宗教信仰，让学生可以通过学习形成自己的价值观和世界观。教学方法多元灵活，提倡跨学科和实用性。而乡村的学校则类似丹麦的乡村寄宿业余大学（Heimvolkshochschule），它们的受众是本地区的农民。由于它们由不同的宗教或社会团体创办，所以其带有强烈的宗教色彩。但是整体而言，城市中的夜校形式的业余大学是占大多数的。截至1932年，全德境内有216所夜校业余大学和81所乡村寄宿业余大学。但无论何种形式，业余大学的底色都是本着开放平等的原则给所有人提供教育机会。而大众教育的新方向也在此时慢慢形成，强调个人和组织学习的机构一样对自身学习过程的成功负有共同责任，鼓励人们独立思考和判断。与此同时，魏玛时期业余大学的发展也受到青年运动、文明批判、新浪漫主义关于自然和文化沉思的强烈影响，它希望引导人们回到人的生存和教育的真正基础上，反对物质主义、经济技术和官僚精神的推进。[1][2][3]

第二次世界大战后，业余大学因其民主传统而被所在地区重新接纳。为了让民众意识到纳粹的错误和彻底去除其纳粹思想，同盟国认为德国国民需要接受再教育，尤其是政治教育——学习民主原则和生活习惯。而这个目的与魏玛时期的业余大学办学理念有些相似。因此，德国业余大学在当时的东德和西德都获得了重建。[4]除了恢复大众科学的教育外，外语、数学以及职业相关科目（如簿记、速记、打字

---

[1] 曾婧：《德国人民大学的发展历程和启示——从成人教育中心到终身教育机构的转型》，载《继续教育研究》，2021年第10期，第67-72页，这里是第68页。
[2] Rita Süssmuth/Rolf Sprink, „Volkshochschule", in Rudolf Tippelt, Aiga Hippel(Hrsg.), *Handbuch Erwachsenenbildung/Weiterbildung*, Wiesbaden: VS Verl. für Sozialwissenschaften, 2011, S.473-489, hier S. 476.
[3] Günther Dohmen, „Volkshochschulen", in Rudolf Tippelt (Hrsg.), *Handbuch Erwachsenenbildung/Weiterbildung*, Opladen: Leske + Budrich, 1999, S.455-460, hier S. 455-456.
[4] 曾婧：《德国人民大学的发展历程和启示——从成人教育中心到终身教育机构的转型》，载《继续教育研究》，2021年第10期，第67-72页，这里是第68-69页。

和技术绘图）都列于业余大学的教学计划中，这也使得当时业余大学的学习具有更多的实用性。在德国统一之前，东德业余大学也提供广泛的办公技能和业余爱好方面的课程，包括外语、文化审美、育儿和家庭教育、环境保护和健康生活，以及"对人性的社会主义理解"和"社会主义法律"等。[①] 同时，东德的业余大学也具有中学教育功能。仅在1956年至1979年期间，就有大约25万人从东德业余大学毕业并获取高中文凭，大约6万人在此获得了大学入学资格（Abitur）。[②] 在西德，直到1960年，业余大学的办学理念更多延续了魏玛共和时期的传统理念，即民主自由。办学模式以社区教育为主，面向全国人民提供政治教育、职业教育和通识教育的服务，且不发证书。但从1960年开始，随着联合国教科文组织和欧洲经济合作发展组织提出终身教育概念，他们也开始进行课程改革，对理工科课程和语言课程颁发证书，并且还设置了爱好类的课程。这些标志着业余大学脱离了魏玛时期的传统，开始了其现代化之路。20世纪70年代，业余大学开始向专业化、职业化、制度化和系统化教育工作方向转变。在八九十年代，业余大学的教育工作出现了开始采取更多商业管理视角的趋势，以及在社会整合方向的转移。[③]

两德统一后，民主德国的业余大学也融入到了联邦德国的体系中。东德的业余大学扩大了它们的服务范围，将办学目的定位为成为各市的公共继续教育中心。到1992年底，大多数东德的业余大学已经转由市政当局提供经济赞助。如今，德国业余大学每隔几年会根据社会需求和人口结构的转变去调整自己的定位，比如2015年后积极为解决难民潮所带来的德国的移民融入问题提供相关课程等。难民局、移民局和联邦就业局也与业余大学进行合作，为新移民提供业余大学的继续教育券。这些优惠虽然一方面会导致业余大学收入损失，但是另一方面也使得社会中受教育弱势群体获得了继续教育的机会。

---

① Rita Süssmuth/Rolf Sprink, „Volkshochschule", in Rudolf Tippelt, Aiga Hippel(Hrsg.), *Handbuch Erwachsenenbildung/Weiterbildung*, Wiesbaden: VS Verl. für Sozialwissenschaften, 2011, S.473-489, hier S. 476、478.

② 同上，hier S.478.

③ Ulrich Klemm, „Politische Bildung als Instrument gesellschaftlicher Veränderung: Wie gesellschaftspolitisch wirkmächtig können, dürfen und sollen Volkshochschulen sein?", *Hessische Blätter für Volksbildung*, Nr.4, 2018, S. 313-322, hier S. 316.

## 三、现今德国业余大学的教育理念与教育核心任务

2018年，德国业余大学被德国政府选择作为"欧洲未来公民对话"的合作伙伴。[①] 这个选择也说明了业余大学在德国时至今日依然重要。而这一切不能不归因于业余大学的创办理念。从19世纪中叶开始，伴随着丹麦家庭国民教育运动和1890年代后所开展的大学扩张运动使大众教育逐渐制度化，德国国内对大众教育也有了新的认识，越来越多的人意识到教育与学习是每个人的终身任务。可以说，20世纪初，业余大学的首次成立是德国的一场社会变革，是超越学校改革的教育变革运动。在这一时期，德国业余大学首先系统、永久地实践了全民教育和终身教育的理念。[②] 时至今日，终身教育在德国不仅具有重大的文化历史意义，也成为了一项赋予民众利益的服务。业余大学作为一个教育场所，其理念特点主要表现为：将教育视为一个意识形态中立的学习过程、一项机会均等的政策以及一个整体能力发展过程，并为社会提供全民教育、终身教育以及具有公共责任和地区责任的教育。[③] 在此理念的基础上，业余大学确认了自己的教育核心任务。

### 1. 促进教育公平

德国业余大学成立至今，始终如一地执行符合公共利益的教育任务，致力于为所有人提供平等的教育机会。不设严格的选拔标准，不因种族、性别、宗教信仰、社会地位等因素排斥任何人，努力实现更大的教育公正，满足广泛的教育需求。使得更多人能够通过接受教育实现个人成长，从而给社会发展带来正面影响。任何人都不应因其背景或参与教育选拔的困难或失败而被排除在终身学习之外。通过提供更好的教育支持和额外的服务，有针对性地解决那些几乎没有继续教育机会的低技能和低收入群体的受教育问题，例如，开展扫盲和基础教育课程。此外，通过提供基本数字技能课程以及关于家庭和父母教育的课程，扩大对社会凝聚力和国家未来

---

① „Bürger*innen diskutieren über Europa", https://www.volkshochschule.de/bildungspolitik/europa_und_welt/eu-buergerdialoge-2018.php，访问日期：2023-12-30。
② Rita Süssmuth/Rolf Sprink, „Volkshochschule", in Rudolf Tippelt, Aiga Hippel(Hrsg.), *Handbuch Erwachsenenbildung/Weiterbildung*, Wiesbaden: VS Verl. für Sozialwissenschaften, 2011, S.473-489, hier S.473.
③ Ulrich Klemm, „Politische Bildung als Instrument gesellschaftlicher Veränderung: Wie gesellschaftspolitisch wirkmächtig können, dürfen und sollen Volkshochschulen sein?", *Hessische Blätter für Volksbildung*, Nr.4, 2018, S. 313-322, hier S. 315-316.

发展特别重要的共同利益教育服务项目。①

### 2. 加强跨文化能力和外语培训

德国业余大学始终紧跟国家时代的发展和社会的需求，不断调整和完善自身的办学理念、课程设置和教学方法。2005年，随着德国首部《移民法》生效，德国联邦政府从法律层面承认"德国是移民国家"，"融合"也被定义为一项法律任务。为了满足德国作为移民国家日益增长的融合需求，德国业余大学进一步增加跨文化培训课程，扩大服务范围，帮助德国有移民背景的民众学习、了解和理解德国语言、文化与经济，从而更好地融入德国社会。通过教授外语和跨文化技能，为本地人和新移民提供可以相遇和共同学习的场所，业余大学促进了跨文化理解，为民众体验文化多样性做出了贡献。这增强了正在日益多元化的德国社会的凝聚力。

除此之外，德国业余大学还提供各种语言学习课程，为大众学习不同欧洲语言提供便捷的可能性。它们基于统一的欧洲标准设立课程，使课程语言证书和专业资格在整个欧洲都可以获得认可。通过这种方式，德国业余大学促进、激发了人们的职业流动性和对文化交流的兴趣。②

### 3. 助力公民职业技能和公民时代能力培养

职业资格培训也是业余大学的一个重要组成部分。其特别注重给学习者进行学习和教育咨询、并对参与者现有能力进行记录和认证，使学生可以在此通过系统学习课程，获得跨行业的关键职业资格。业余大学所开展的项目既以劳动力市场为导向，又面向社会，并始终根据本地需求进行调整。其课程项目不仅关乎短期的资格认证，更多的是促进大众可持续学习能力基础培养。此外，为了提高其教育认可的普遍性，业余大学在制定课程时，除了参考德国国家教育框架，还参考了欧洲教育框架。自1990年以来，德国各地陆续制定和实施IT教育计划，德国业余大学也因此成为了无论是个体还是企业IT技能培养的首选教育机构之一。为了让社会民众适应最新的社会生存技能发展，使所有年龄段的群体无论是在日常生活中还是在职

---

① „Volkshochschule-Bildung in öffentlicher Verantwortung ", https://www.volkshochschule.de/medien/downloads/verbandswelt/dvv/selbstververstaendnis/vhs_Kurzfassung_final.pdf，访问日期：2023-12-30。
② 同上。

业环境中都有能力应对数字变革的挑战，这项教育服务范围也在不断扩大。除了传统的课堂教学和实践教学，它们还提供网络教学和网络研讨会等远程教学，通过创造数字化学习环境，为所有课程领域提供多元化教学形式。[①]

总体而言，德国业余大学时至今日仍代表着所有人的受教育权，它不分年龄、性别、出身、社会地位、智力能力、宗教或意识形态。它是民众平等学习和交流教育的场所，具有多元性、时代性和普适性的特点。

### 四、小结

目前而言，德国业余大学主要缺少在教育体系中更明确的定位以及充足的资金支持，因为其主要受众群体有一部分来自低收入群体和在教育方面处于劣势的人群。这些群体在社会上也处于边缘地位。当然，这也是其特色所在。就历史和目前的情况来看，德国业余大学在教育界和社会中仍然不具备其应有的地位和威望。对于一部分人来说，这是一个不稳定的成本问题，相比起高校教育或企业职业培训教育，在这里受教育不一定能增加他们的就业机会。但不可否认的是，自成立以来，德国业余大学为德国公民教育平等和社会融合作出了决定性的贡献。他们总是在不同的历史时期接受新的挑战，无论是在移民融入、语言教学还是扫盲工作领域。可以说，德国业余大学为德国社会提供了广泛的教育机会，并且始终以参与者为导向，因此，其学员人数也远高于其他同类的教育机构。可见其受社会熟识、信任和喜爱的程度之高。

总的来说，德国业余大学一直将自己视为面向所有人的公共进修机构。其核心理念是，受教育的权利是公民的权利。而在德国业余大学的理解中，学习是多元且丰富的，它不仅仅包括职业技能，还有文化、社会、经济和政治的学习，以及一般技能的学习。德国业余大学的教育工作基于这样一种信念，即教育应为每个人提供机会，使每个人都有机会向前迈进，从而推动整个国家的正向发展。

---

① „Volkshochschule-Bildung in öffentlicher Verantwortung", https://www.volkshochschule.de/medien/downloads/verbandswelt/dvv/selbstververstaendnis/vhs_Kurzfassung_final.pdf, 访问日期：2023-12-30。

# 工业技术文化视角下德国英语教育课程设置和教育理念

董丽娜　深圳技术大学外国语学院英语系

**内容提要**：本文从工业技术文化视角出发，梳理当代以应用为目标的德国英语教育的情况，对中德大学阶段的英语教育进行了对比分析，尝试为我国大学英语教育的改革提出建议和对策。工业技术文化是围绕着产业和技术产生、发展的，不仅影响了经济和产业，也同样影响了社会的其他方面，如教育和语言政策。德国的工业技术文化的特点使得教育体系在中学阶段开始出现明显分轨，带上了明确的职业发展方向，并进行专门化的培养；在语言政策方面，随着全球化的推进，国际交流增加，欧洲推进国际通用语（英语）的使用，以便更好地建设欧洲高等教育一体化，为实现学位学分互认创造条件。这些举措都促进了外语教育和课程的深度融合，英语教育贯穿学校教育。而强调语言运用能力的课程设置，又更好地服务工业技术发展和全球化进程，形成了一个较为良性的循环。最后，本文通过对中德大学阶段英语教育不同设置的分析，得出对中国大学英语教育改革的建议。语言能力的提升绝不是某一个教育阶段的任务，而是需要在学生经历的所有学习阶段中共同完成；语言能力提升的路径和方式也不是一成不变的，而是要视国家发展和社会进步的需求而变化。

**关键字**：德国工业技术文化；英语教育；英语课程；大学英语；比较教育

## 一、引言

本文内容是基于笔者一次题为"德国工业技术文化视角下德国英语教育课程设置和教育理念"的读书会演讲，始于对伊莎贝尔·范阿克伦、克劳斯·克莱姆和斯文娅·M.库恩的《德国教育体系概览——产生、结构与调控》一书的研究（译者：孙进、宁海芹）。该书的三位作者分别从历史、结构、教育社会学、调控理论、质量、发展和学校理论的视角梳理了德国教育的前世今生。而译者作为国际与比较教育研究者，也细致严谨地再现了原著的风采。笔者通过这本书开启了对德国教育和德国英语教育的了解并进行粗浅分析，形成此文。德国作为世界著名的工业技术强国，其经济水平和全球竞争力不容小觑。毋庸置疑，德国的高新技术得益于工业技术文化带来的创新性、制度化和技术合理性。工业技术文化不仅对企业运营和生产有助推作用，对教育体系和外语教育同样有深远影响。也正因为教育体系和课程的改革，使德国拥有了有明确培养目标和合适培养手段的教育体系并能造就具备工匠精神的工程师，这也为德国的技术研发和发展提供了人才储备。

本文将对德国工业技术文化进行梳理，进而讨论工业技术文化对德国教育体系和英语教育的影响。笔者将根据对德国英语课程设置的梳理分析，总结整理其体现出来的教育理念，着重讨论德国和中国大学阶段英语教育的不同，尝试从比较中获取中国大学英语教育改革的可能性。

全球化的浪潮不可逆转地席卷世界，国际交流日渐增多，尽管近年来关于外语翻译的技术发展迅速，但外语能力仍是当今人才素养的一个重要组成部分，外语教育也有了更高一个层次的要求。为了满足社会发展需求、更好契合生产发展的需要、更好地培养人才并锻炼他们的语言运用能力，设置合适的目标、路径是非常重要的。在这方面，受工业技术文化影响的德国英语教育提供了一份参考答案，虽然不完美，但其经验和方向值得思考。

## 二、德国工业技术文化与教育

### 1. 德国工业技术文化

工业技术文化是与工业和技术的发展紧密相关的，对教育和人才培养也有深远影响，既影响了教育的内容，也影响了人才培养的模式。哈佛大学教授Elton Mayo在1933年出版的著作《工业文明的人类问题》(*The Human Problems of an Industrial Civilization*) 里，首先探讨了工业文明及其带来的社会问题。[①] 工业的发展不仅对经济

---

① Elton Mayo, The Human Problems of an Industrial Civilization (1st ed.), London, UK: Routledge. https://doi.org/10.4324/9780203487273。

有影响，也连带着影响了社会和处于这一社会中的人们。工业化社会应当让人们能体会、认识到个人的价值。[1] 北京大学教育学院陈洪捷教授从社会大系统的视角出发，审视德国应用科学大学，他认为这类学校与产业联系紧密，甚至可以说更多隶属于产业和经济系统。[2] 他表示，"这类职业学校由于长期隶属产业系统，他们……当然会与产业分享一些共同的价值观念，会追求一种共同的目标。从文化的角度看，这类职业性质的学校更加认同技术文化，而不是学术文化。所谓技术文化，是指围绕着工业和技术而形成的一种文化，是现代工业社会的产物。技术文化其实是一种对技术（以及工业和企业）与技术原则的认同。"[3] 由此可见，工业生产不仅推动了社会经济的发展，同时也将工业文明、技术文化带入教育中，影响了对人才及其培养的认识。因而，工业技术文化使得在工业化进程中形成的行为规范进入企业生产、技术改进、人才培养中。归根结底，是按照机器生产的逻辑来组织和实施技术人才的培养。[4]

在工业技术文化影响下，德国的教育也展现出相应的特点，其中为人所知并津津乐道的包括德国"工匠精神"、德国应用科学大学的设立、企业在应用型人才培养中的重要作用、技术人才培养模式等。德国工业技术文化有着"技术合理性"、标准主义和制度化、先进化和创新性的特点，对工业技术发展和人才培养影响深刻，促使企业、实践与学校培养三方结合。在工业技术文化影响下，"双元制"职业教育得到进一步发展，由职业委员会发展的一系列完整的标准体系（如教学管理、评价检测、质量标准等）从各个角度保证人才培养质量。[5] 德国职业教育的大力发展，企业功不可没。企业对人才培养的关注和参与，使得德国技术人才培养体现出企业的生产逻辑，进一步发展后，一个典型代表就是双元制大学（企业的需求和运行规律渗透在学生的培养中，强调实践性，进行大量的企业实践实训、吸收行业中的实践者进入教师队伍、企业参与人才培养方案制定等）。[6]

---

[1] The Editors of Encyclopedia Britannica, "Elton Mayo", http://academic.eb.cnpeak.com/levels/collegiate/article/Elton-Mayo/51608，访问日期：2023-12-19。

[2] 陈洪捷：《工业技术文化视野中的德国应用科学大学》，载《中国职业技术教育》，2021年第36期，第17-19页，这里第17页。

[3] 同上，第17-18页。

[4] 同注②，第19页。

[5] 徐宏伟：《德国"工匠精神"与职业教育的工业技术文化意蕴》，载《中国职业技术教育》，2021年第36期，第19-22页，这里第20-21页。

[6] 咸佩心：《德国工业技术文化与技术人才培养——以斯图加特模式为例》，载《中国职业技术教育》，2021年第36期，第22-24页，这里第23页。

德国职业教育的成功获得了国际社会的认可，而其成功不仅仅是因为高等教育的创新和进步，工业技术文化对基础教育也有一定的影响，如德国中小学劳动教育的改革。自1987年开始，技术、经济、家政、职业开始成为劳动教育的四大主要内容，且包括企业实习。在校内，学校采用能够锻炼学生动手能力、调动学生主观能动性的教学方法（如项目式学习），加入校内外实习实践，让学生熟悉企业运营规范、激发劳动兴趣。① 德国工程师协会在2012年发布了名为"技术通识教育强化德国作为技术中心的地位"的文件，设置了10个方向，从培养目标、师资、教学内容、教学研究等多方面突出技术在教育中的重要性。② 这些课程设置和文件都说明了德国对工程师群体的关注和对职业教育的重视，也使得德国课程的其他方面作出调整。对于外语教育，工业技术文化也有深远影响，本文将在"德国的英语教育"部分进行讨论。

### 2. 德国教育体系

德国教育体系在中学阶段及以后出现了分流，学生会根据其在学校的表现进入到不同教育轨道，到不同类型的学校进行教育。除了特殊教育之外，可以大致分为学术研究和职业教育两大方向，见图1。虽然学

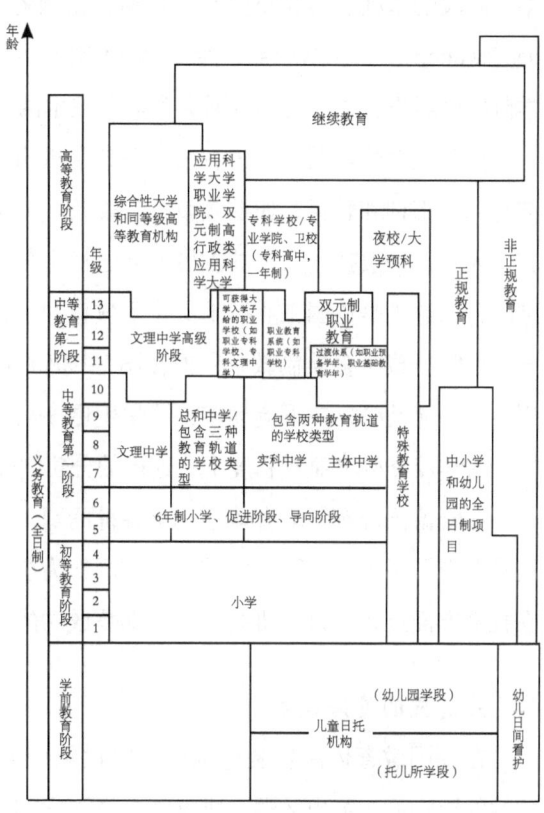

**图1 德国教育体系**③

---

① 任平、贺阳：《工业技术文化视域中的德国劳动教育课程》，载《中国职业技术教育》，2021年第36期，第27-28页，这里第28页。
② 王兆义：《德国工程师协会对教育的参与——基于工业技术文化的视角》，载《职教论坛》，2022年第5期，第29-37页，这里第33页。
③ Isabell van Ackeren/Klaus Klemm/Svenja M. Kühn：《德国教育体系概览——产生、结构与调控》，孙进、宁海芹译，北京：教育科学出版社，2020年版，第68页。

前教育阶段没有明确分轨，但小学也有着传授文化技能领域基本知识和为今后教育轨道选择打基础的两个任务。中学阶段的教育类型种类更加丰富，能满足不同教育需求，这也体现出工业技术文化的标准主义的特点；当然，这也跟德国是联邦制国家有关，每个州都有自己的相关规则和体系。

中学阶段的教育分为两个阶段。第一阶段大致可分为五种：为职业预科做准备的普通中学，为职业培训做准备的实科中学，为高等教育做准备的文理中学，可在之前不同轨道切换的综合中学，以及为特殊需求人群准备的教育；第二阶段则是在第一阶段的基础上的延伸扩展。[1] 同时，德国各州还提供第二教育途径学校（Schulen des Zweiten Bildungswegs），帮助有补修中学毕业文凭需求的人。[2] 由此可见，在中学阶段已经进行了针对学术研究和职业技术两个方向的铺垫，对学生进行分流。

高等教育阶段明确分为一般高等教育机构、高等职业院校、专科学校以及其他的补充性培训和教育，如继续教育、夜校、大学预科等。此刻，学术研究、应用型技术人才、一般技术人员的发展方向已经十分明晰，而企业也与所需人才的培养深度融合，这也是德国工业技术文化下教育的一大特点。

尽管分成了多轨制教育，但在图1中仍能看出，这样的流动性和贯通性并未出现，向上流动少，向下流动多，即学生更多从要求水平高的学校类型转入要求水平较低的学校类型。[3] 某种程度上，这样的分轨制教育使得教育差距和不公平有所增加。

尽管德国现有的教育体系也有各种问题，但不可否认的是，其在人才培养方面还是取得了不少令人瞩目的成果。德国作为全球工业技术领域的重要国家，无论是在技术方面还是在科学研究方面，都是成功的。

### 3. 德国的英语教育

在德国教育体制发展过程中，19世纪产生的中等学校教育体制受应用性和有用性的影响后，突出数学、机械学、经济学和现代外语（如英语、法语、西班牙语等）的重要性，因而可以在学校的课程表中看到语言课程。[4] 现今，在德国，虽然

---

[1] 李茜：《德国英语教育对我国地方高校英语教学改革的启示》，载《当代教育实践与教学研究》，2016年第12期，第157-158页，这里第157页。
[2] Isabell van Ackeren/Klaus Klemm/Svenja M. Kühn：《德国教育体系概览——产生、结构与调控》，孙进、宁海芹译。北京：教育科学出版社，2020年版，第65-67页。
[3] 同上，第76页。
[4] 同上，第20-25页。

英语是作为一门外语学习,但学生的英语水平是较高的;2012年雅思考试官方网站显示德国考生的雅思成绩普遍高于中国考生。① 十年后,根据雅思考试官方网站公布的2022年考生表现数据来看,母语为德语的学生的分数仍高于母语为中文的学生,我们也可以推测德国考生的雅思成绩仍普遍高于中国考生(表1和图2)。表1是雅思官方公布的考生表现数据,可以看出在2022年,以德语为母语的考生在考试的各个部分得分都高于以中文为母语的学生。

表1　2022年学术类雅思考试(A类)的考生成绩平均分(以母语为中文或德语区分)②

| 母语 | 听力 | 阅读 | 写作 | 口语 | 总分 |
| --- | --- | --- | --- | --- | --- |
| 中文 Chinese | 6.2 | 6.5 | 5.8 | 5.7 | 6.1 |
| 德语 German | 8.1 | 7.8 | 6.6 | 7.5 | 7.6 |

图2是根据雅思考试官方公布的人口统计数据和成绩,摘取了以德语为母语的考生和以中文为母语的考生的成绩分布情况而生成的。可以看到,以德语为母语的考生的成绩分布普遍高于以中文为母语的考生。综合表1和图2可推测,德国考生的雅思考试表现仍是优于中国考生的。

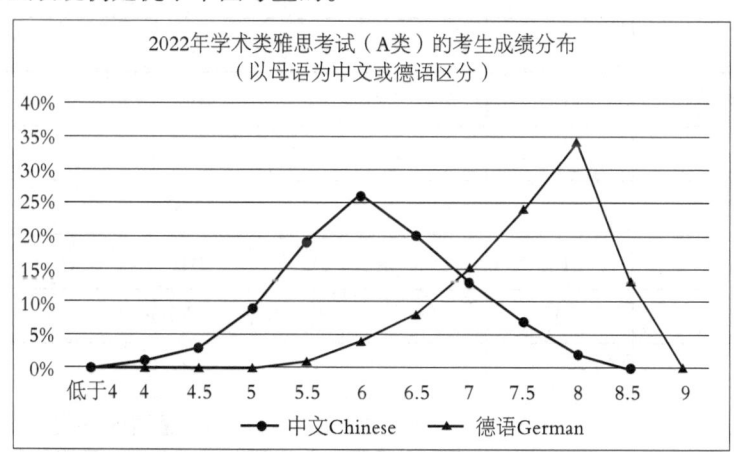

图2　2022年学术类雅思考试(A类)的考生成绩分布(以母语为中文或德语区分)③

---

① 钱竞越:《从二语习得角度看德国英语教育体系的合理性——兼论其对中国大学外语教育转型的启示》,载《英语广场(学术研究)》,2015年第1期,第65-68+71页,这里第65页。
② IELTS, "IELTS test taker performance data 2022", https://ielts.org/researchers/our-research/test-statistics, 访问日期:2023-12-21。
③ IELTS, "IELTS demographic data 2022", https://ielts.org/researchers/our-research/test-statistics, 访问日期:2023-12-21。

与中国相似,德国的英语教育开始于小学,在中学阶段继续进行,英语在中小学是一门核心课程。根据2001年制定发布的"欧洲语言共同参考框架"(CEFR),欧盟各国将此框架作为参考依据,制定各自的教学计划、开发课程等。该框架将语言的实际运用能力分为三等,共六个级别:初级(A),包括入门级(A1)和基础级(A2);二等(B),包括进阶级(B1)和高阶级(B2);三等(C),包括流利运用级(C1)和精通级(C2)。以德国巴符州为例,不同年级所需要达到的语言应用水平均可匹配到CEFR框架,见表2。同时,设置相应的评价测试体系以确保教学效果。由此可见,在完成中学学习后,学生应能够独立使用英语,部分学生甚至达到了熟练使用的水平,这也为他们在今后的学习工作中使用英语打下基础。

表2 德国巴符州中小学不同年级学生英语能力水平界定[①]

| 学校类型 | 年级 | 语言运用水平 |
| --- | --- | --- |
| 文理高级中学 | 12 | C1 |
| | 11 | B2 |
| | 10 | B1,部分B2 |
| | 8 | A2 |
| | 6 | A1 |
| 实科中学 | 10 | B1 |
| | 8 | A2 |
| | 6 | A1 |
| 普通中学 | 10 | B1 |
| | 9 | A2,部分B1 |
| | 6 | A1 |
| 小学 | 1—4 | 重视语言习得,未匹配相应能力水平 |

与中国不同的是,在大学阶段,德国并没有针对所有学生的英语课程。取而代之的是使用英语作为教学语言的课程,以及设置语言中心提供相应的语言服务和训

---

① 张金秀:《德国中小学英语教育特色及对我国英语课程改革的启示——以德国巴符州英语课程为例》,载《英语教师》,2015年第8期,第26—31页,这里第27页。

练。① 不设置语言课程，而是选择让学生使用语言学习专业知识，更加聚焦专门用途英语（English for specific purpose）。在大学阶段，大致有三种授课类型：讲座课，讨论课和练习课，让学生掌握课堂主动权，既有助于锻炼学生的语言能力，又有助于培养学生的创新性思维。② 无论是哪种类型，很多情况下学生可以选择以德语还是英语教学。使用英语作为授课语言（English as medium of instruction）的情况下，传统专注于语言知识和基本文化交流的外语教学就不再出现，对英语的学习便隐性融合到了对专业知识的学习讨论中。实施这一举措的前提在于，进入大学前，学生们的英语水平已经达到了B级别，他们能够使用英语进行日常沟通，甚至是学习新知识。德国政府的一系列语言政策甚至立法，如《联邦德国州教育事业一体化协议》《文理中学高年级课程规则框架协议》《柏林宣言》《汉堡协议》等，对设置外语作为必修课作了具体规定，让外语在课程中的地位固定下来。③ 在德国教育体系改革发展中，除了现代外语的重要性被凸显外，英语作为外语得到推广，还得益于欧盟关于语言的相关政策，其中，《博洛尼亚宣言》（1999）是非常有代表性、影响深远的政策。此外，《欧洲语言教学与评估共同纲领》、《促进语言学习和语言多样化行动计划》（2003）和《欧洲教育与培训合作战略框架》（2009）均对欧盟各国的外语教育产生了重大影响，其中也包括德国。④

《博洛尼宣言》旨在于欧盟国家的公立大学之间建一个统一、互相认可、可比较的学位体系。这也是欧盟各国间涉及高等教育的文件，是奠定"博洛尼亚进程"的重要文件，也标志着打造欧洲高等教育区的开始。⑤ 如果建立了这样的学位体系，就意味着在欧盟内，建成大学之间共享互相理解认同、连贯的高等教育体系。使用英语后，可有效提高互相认证，有助于沟通。英语作为国际化课程所使用的教学语言，其地位和重要性不言而喻。

---

① 李茜:《德国英语教育对我国地方高校英语教学改革的启示》，载《当代教育实践与教学研究》，2016年第12期，第157-158页，这里第157页。
② 陈美智:《德国工科大学外语教育对我国工科院校英语教学的启示》，载《教育现代化》，2019年第6期，第178-179页，这里第178页。
③ 李宗强:《德国语言规划与政策简论》，载《湖北经济学院学报（人文社会科学版）》，2014年第5期，第107-108页，这里第107页。
④ 束定芳:《德国的英语教学及其对我国外语教学的启发》，载《中国外语：中英文版》，2011年第1期，第4-10页，这里第5-6页。
⑤ 同上，第6页。

### 三、德国英语教育理念和课程设置

德国英语教育从小学开始，直到大学；虽然大学阶段没有以往传统的语言课堂，但结合专业知识学习语言，走上了专门用途英语的道路。教育理念的不同导致在各个阶段的教学和课程设置不同。以下将浅析德国英语教育理念及课程设置。

德国英语教育可大致分为三个阶段：小学、中学和大学。小学阶段即学习英语的开始阶段。此阶段的英语教学主要以兴趣为导向，引导学生产生对英语的兴趣，以游戏式教学为主，侧重在听说方面的练习。学生的学习任务也不重，每周不超过3学时。当学生进入中学时，英语学习进入核心阶段，教学目的也转向了语言技能培养[1]。在这个阶段，课程上会给英语学习分配更多的学时，学生不仅会打下坚实的语言基础，同时还有机会充分练习使用英语，比如参加学校组织的各种出国游学或校园内英语活动。这样的设置既保证了学生的语言学习，又提供了语言使用的机会。因而，中学阶段后，大部分学生可达到CEFR框架所要求的B等级。大学阶段不设置类似我国的大学英语课程，而是选择多种渠道为学生提供语言支持，如语言中心，但这不代表大学阶段不学英语[2]。大学阶段的英语学习采用内容与语言一体化的教学方法（即Content and Language Integrated Learning，CLIL），将专业知识的学习和语言学习深度融合[3]。英语能力的进一步培养与专业和学术培养息息相关，比如大学生接触英语将主要通过修读英语教授的课程、阅读英文文献资料、观看英文的视频资料、作为国际生前往英语国家交流等[4]。表3是基于以上讨论进行的整理总结。

通过表3可以看出，德国英语教育在每个阶段的目标都十分明确，而为达到相应目标而选择的教学方法和理念也不同——以兴趣为出发点，以语言技能培养为目的，最后在大学阶段完成语言与专业的融合。在学校课程细致的安排下，学生最终达到提升语言应用能力的目标。这种以提高语言应用能力为目标的课程，也再次验

---

[1] 侯晓虹：《中国英语教育改革路径之探索——基于〈欧洲语言共同框架〉下的德日经验》，载《北京社会科学》，2017年第3期，第13-20页，这里第14页。

[2] 陈美智：《德国工科大学外语教育对我国工科院校英语教学的启示》，载《教育现代化》，2019年第6期，第178-179页，这里第178页。

[3] 李茜：《德国英语教育对我国地方高校英语教学改革的启示》，载《当代教育实践与教学研究》，2016年第12期，第157-158页，这里第157页。

[4] 束定芳：《德国的英语教学及其对我国外语教学的启发》，载《中国外语：中英文版》，2011年第1期，第4-10页，这里第5页。

证了工业文化对企业和人才的要求，既要服务于国际交流，又要有助于技术创新。

表3 德国英语教育的阶段、目标和理念

| 年级 | 阶段 | 周学时 | 目标 | 理念 |
|---|---|---|---|---|
| 小学 | 开始阶段 | 1~3学时 | 唤起学生外语学习的兴趣和动力，发展以听力理解为基础的基本外语能力；以听说活动式的游戏为主 | 以兴趣为导向 |
| 中学 | 核心阶段 | 4~5学时 | 培养学生的听说读写能力；使学生了解英语国家民众的生活、文化和风俗习惯；能用英语进行简单的日常交流 | 以语言技能为导向 |
| 大学 | 应用阶段 | 无大学英语课程 | 用英语提升专业知识和技能；英语是进行专业课程学习和研究的工具 | 内容与语言一体化 |

## 四、总结和讨论

工业飞速发展后，围绕着工业和技术产生了工业技术文化，它不仅与产业、经济紧密相关，同时给社会其他的方方面面也带来了不小的影响。德国工业技术文化有着技术合理性、标准化、创新性的特点，体现出企业的生产逻辑和需求，因而也将这样的特点引入到人才培养中。德国的教育强调动手能力，突出技术的重要地位，在课程设置上，不仅加入实习实践部分，还积极引导学生对技术和企业的兴趣爱好。在教育体系上，中学阶段明显分出多轨、多类型学校，引导学生进入或技术或科研的方向，以确保满足不同方向、不同层次的人才需求。工业技术文化同样也影响外语教育。在德国，英语被视为一门外语。工业迅猛发展，各层面信息交流愈发频繁密切，无论是德国内部政策还是欧盟的语言政策，都追求交流互通。在《博洛尼亚宣言》等政策的促动下，建立区域性互认的高等教育体系，语言障碍是一定要跨越的。而英语作为国际通用语，更是被选为高校常用国际课程授课语言，以增加认可度和流动性。在德国国内，通过参考《欧洲语言共同参考框架》设置的学习目标和英语课程，能让学生在9~11年的时间内接触学习英语，打下坚实的语言基础，拥有较强的语言运用能力。工业技术文化的特点也使得这些学生的英语学习强调应用性、突出语言工具性，最后走向高等教育阶段的专门用途英语，服务他们在科研、技术及职场的需要。由此可见，工业技术文化对语言教育也同样有着深远的影响，不仅影响着人们对人生和职业的规划，也影响了语言学习过程和语言教育的理念。

英语作为国际通用语（lingual franca），无论在地域还是领域方面，都是被广泛使用的，也是被很多国家和地区作为一门外语学习的。语言学家 Braj Kachru 把英语使用的范围划分为三个圈，由内及外分别为：圈内国家（Countries in the English circle），顾名思义，是以英语为母语的国家，如英国、美国、澳大利亚等；圈外国家（Countries outside the circle），即使用英语为官方语言、实际上有更多语言被人们使用的国家，如新加坡、南非等；最外圈为扩展圈国家（Countries in the extended circle），即英语为外语的国家（既不是作为母语也不是作为官方语言），如中国、德国、日本等。而且，在德国，人们主要使用德语，在人们的日常生活中并没有很多的真实英语使用环境，虽然德语因与英语同属于印欧语系日耳曼语族，可能会为英语学习提供一些优势和便利。上述种种都体现出中国和德国的英语学习环境相似，然而英语教育的结果却不相同。

中国处于社会经济快速发展的阶段，各个层面上的国际交流日渐增多，使用英语的需求也随之增加。虽然从20世纪80年代恢复高考以来，人们的英语水平确实有了明显提高，但如今英语教育的效果仍被诟病。人们认为，学生经历了多年的英语学习，仍然有哑巴英语的问题，多数学生对考试更在行，而实际英语运用能力则低于分数反映的水平。作为所有非英语专业学生的必修课，大学英语课程多以通用英语或通用学术英语为主，培养学生对英语语言知识的了解和对英语国家文化的了解。[①] 现如今对大学英语课程设置和教学内容的讨论仍然热烈。随着大学英语课程改革的深入，大学英语的改革方向逐渐转向了专门用途英语（English for specific purpose），以更加契合时代发展，培养既有专业知识又有语言能力的人才。不少学者参考德日的经验，认为应当把大学英语的培养目标从夯实语言基础提升到语言运用，学习内容从通用英语转向专门用途英语，培养能力和素养更具针对性的学生。[②] 除了内容上的变化，大学英语向专门用途英语的转变也对教师和其他辅助的设施和活动提出了一定的要求。课程内容上可根据老师自身的专业特长，将英语课开发出不同方向和内容，而非停留在通用英语的表面；设置写作中心，有针对性地向不同

---

[①] 蔡基刚：《新时代我国高校外语教育主要矛盾研究：70年回顾与思考》，载《中国大学教学》，2020年第1期，第51-55页，这里第52-53页。

[②] 蔡基刚：《中国高校校本大学英语教学大纲制定依据——兼论大学英语教学中通用英语和专门用途英语的定位》，载《外语研究》，2023年第5期，第58-62+112页，这里第59-60页。

年级的学生提供帮助；为学生提供对外交流的机会，让他们能有机会锻炼英语。[①]

通过本文对之前内容的梳理和探讨，不难看出这些建议和德国的英语教育及课程设置有着不少相似之处，这样明确的设置，不仅是为了最终提高学生的语言应用能力，也是为了更契合科研和职场要求，这透露出工业技术文化的特点和影响。虽然两国国情不一样，母语不同，但德国经验也是值得参考借鉴的。德国的教育体系和英语教育也给出了新的可能性，将小、中、大学视为一个连续的教育整体，对大学英语的改革也可以适当推广延伸至中小学阶段[②]，让学生拥有一个完整的二语习得过程。也许这样对改善语言学习体验和提升语言运用能力有更好的效果。

## 五、结语

本文对德国工业技术文化、德国教育体系、德国英语教育进行了简述，通过对内容的梳理来了解工业技术文化的特点及其对社会、教育的影响和作用。工业技术文化围绕着产业和技术而生，不仅对社会经济有巨大促进作用，同时也将企业的生产逻辑和需求逐渐渗透到社会的方方面面。以英语为首的外语教育和课程设置也体现出工业技术文化的特点，即目标明确，以应用为主，通过内容和实践活动的设置帮助学生达到提高语言运用能力的目标。这些对处于发展中的我们，具有一定的借鉴意义，也为我们的大学英语教育改革提供了一个方向和可能性。的确，专门用途英语逐渐成为大学英语教育改革的方向，这同时也响应了教育部等五部门印发的《普通高等教育学科专业设置调整优化改革方案》中提出的总体要求："以新工科、新医科、新农科、新文科建设为引领，做强优势学科专业，形成人才培养高地；做优特色学科专业，实现分类发展、特色发展"。[③] 通过对中德大学阶段英语教育的比较，我们也许可以从以下四方面进行思考，探索变化方向：小、中、大学英语教育一体的连续性，适应新教学要求的师资培训，满足新教学目标的课程建设和锻炼语言应用的实践环境及机会。

---

[①] 钱竞越:《从二语习得角度看德国英语教育体系的合理性——兼论其对中国大学外语教育转型的启示》，载《英语广场（学术研究）》，2015年第1期，第65-68+71页，这里第67-68页。
[②] 束定芳:《德国的英语教学及其对我国外语教学的启发》，载《中国外语：中英文版》，2011年第1期，第4-10页，这里第9页。
[③] 中华人民共和国教育部、国家发展改革委、工业和信息化部、财政部、人力资源社会保障部:《普通高等教育学科专业设置调整优化改革方案》，2023-2-21。https://www.gov.cn/zhengce/zhengceku/2023-04/04/content_5750018.htm，访问日期：2023-12-21。

主题三

# 工业质量标准和科技哲学

# "双碳"背景下的绿色标准与国际标准化组织

刘汇　深圳技术大学质量和标准学院

**内容提要**：可持续发展、生态文明、"双碳"目标及应对措施、绿色标准以及国际标准化组织，是当前全球社会关注的热点话题。在不断推进可持续发展的过程中，生态文明建设成为不可或缺的一环，而"双碳"目标及应对措施对于全球应对气候变化具有重大意义。绿色标准的应用在一定程度上体现了环保理念在各个领域的深入，国际标准化组织则在推动全球标准化进程中发挥着重要的作用。本文将逐一探讨这四个方面，以期为读者提供更全面的视角和更深入的理解。

**关键字**：双碳；绿色标准；国际标准化组织；生态文明；可持续发展

## 一、全球碳达峰、碳中和发展现状

碳达峰是指我国承诺在2030年前，二氧化碳的排放不再增长，达到峰值之后逐步降低。碳中和则是指企业、团体或个人测算在一定时间内直接或间接产生的温室气体排放总量，然后通过CCUS（碳捕捉/利用/封存）、造树造林、节能减排等形式，抵消自身产生的二氧化碳排放量，实现二氧化碳"零排放"。我国提出碳达峰和碳中和目标，是为了积极应对全球气候变化，实现绿色、可持续发展。

碳排放是由经济发展附带而来的，因为随着经济的增长，各经济部门对能源的需求也会增加，而能源的生产和使用会产生大量的碳排放。例如，工业化和经济发展过程中，电力、石油等能源的需求增加，导致碳排放量上升。碳排放与经济发展有一定的关联，但并不意味着碳排放等同于经济发展。目前中国的碳排放平均增速仍然比较高，在2015年至2019年的平均二氧化碳排放增速表中，中国碳排放平均增速超越了世界的平均值。而在全球碳排放的总量占比上，目前中国的碳排放居全球第一。相较于欧美国家，中国的碳排放强度相对较高，这就意味着中国承担着巨大的减排潜力和压力。

"双碳"目标由中国国家主席习近平在第七十五届联合国大会一般性辩论上首次提出[①]：二氧化碳排放力争于2030年前达到峰值，努力争取2060年前实现碳中和。而在后续的气候雄心峰会上将2030年前碳达峰的目标进一步细化：中国单位国内生产总值二氧化碳排放将比2005年下降65%以上，非化石能源占一次能源消费比重将达到25%左右，森林蓄积量将比2005年增加60亿立方米，风电、太阳能发电总装机容量将达到12亿千瓦以上。欧美和日本由于发展较早，目前已经实现了碳达峰。碳达峰对于中国来说是一项艰巨的任务，在保证经济持续增长的情况下实现碳达峰是一个巨大的挑战。

从内外环境的角度理性分析碳达峰这一问题可知，减碳是实现碳达峰很有效的内部方法之一。2060年前实现碳中和便是这一方法的目标。目前中国各行各业都在减少排放。中国的碳排放有将近一半来自于电热生产[②]，包括电能和热能，这是支撑国民经济发展的基础之一，与此同时工业生产带来的碳排放有近40%。这两项占据了我国90%的碳排放。剩下的部分也对碳排放有一定的影响，但是从数学的角度来看，它们的影响是比较小的。减排的主要阵地还是工业和电热生产这两个领域。

但实现碳达峰并不能只靠内部环境的努力，外部环境的影响依然巨大。在2021年7月14日，欧盟委员会宣布将逐步推进碳边境调节机制（CBAM）[③]，缩小欧盟境内产品与进口产品的价格差距，防止"碳泄漏"。2022年5月17日，欧盟委员会通过了关于建立欧盟碳边境调节机制法规的报告。相较于2021年的机制，2022年所提出的机制扩大了所包含的产品的范围，机制开始实施的时间提前至2023年，

---

① "习近平在第七十五届联合国大会一般性辩论上发表重要讲话"，新华社，2020-09-22，https://www.gov.cn/xinwen/2020-09/22/content_5546168.htm，访问日期：2023-11-09。
② 中华人民共和国国务院新闻办公室：《新时代的中国能源发展》白皮书，北京：人民出版社，2020年。
③ 欧洲委员会税务与海关同盟总司：碳边境调节机制（CBAM）欧盟进口碳定价的绿色新方法，2023-11-16, https://www.eeas.europa.eu/sites/default/files/documents/2023/CBAM%20general%20presentation_2023-11-16_CN.pdf，访问日期：2023-12-12。

并且终止了碳交易的免费配额。这意味着2030年前碳交易市场下所有行业须纳入CBAM。这一机制的最后一条"终止免费配额"对于中国产业来说是一个严峻的挑战，中国的产品想要销售到CBAM机制的国家，需要满足较低的碳排放才可以，否则会受到一定的限制。这对于还没有实现碳达峰的中国是一个非常不公平的机制，与此同时，这样的压力更是促进中国产业转型升级的动力。

基于这样的机制，出现了碳交易。碳交易又称"碳排放权交易"，是为了促进全球温室气体减排、减少全球二氧化碳排放所采用的市场机制。碳配额交易是以控排企业获得的碳配额为交易对象，当企业的配额富余时，就可以在碳市场售卖，当企业的配额不足时，就需要在市场上购买。这种交易以每吨二氧化碳当量（$tCO_2e$）为计算单位，因此通称为"碳交易"。[①] 其交易市场称为碳市场（Carbon Market）。这样一来便涉及了碳交易定价的问题。碳定价是促进减排的重要手段。全球的碳交易市场统一、碳税和碳交易并行实施是未来发展的一个趋势。2022年3月欧盟基准碳价每吨58欧元，最高时每吨96欧元，而在中国碳交易市场仍在试行，处于刚刚起步的阶段。全国碳交易市场于2021年7月16日正式上线，2022年3月碳价57元/吨。这与欧盟市场相对比存在十倍的差距，意味着中国在碳交易市场处于十分劣势的位置。

由于这样的内忧外患，中国碳达峰迫在眉睫。最有效的方法之一便是推动全供应链减排。要直接推动供应链的减排，需要构建从供应商到企业的低碳供应链平台，直至产品的全流程低碳化。在碳中和过程中存在四大新机遇：资源处理脱碳化、能源生产去碳化、终端消费清洁化、行业发展低碳化。基于这四大主题存在非常多的企业新赛道，如：可降解材料/循环利用材料、废弃材料处理回收、可再生能源发电、CCUS（碳捕捉/利用/封存）、绿色建筑等。此外，企业的碳补偿路径，包括参与碳汇交易、绿电交易以及碳积分等，这些都需要遵守相关法规和标准。值得注意的是，目前国内尚未制定统一的国家标准，大多是一些试点或推荐规范，因此需要进一步制定和完善相关标准。双碳问题将催生许多新的应用场景，如碳中和工程和创新技术，这已经成为一个交叉学科领域，需要多学科的共同合作来解决。除了制定标准和了解现状外，还需要在碳中和咨询、各个领域和各个行业的理工科方面进行合作和创新。无论是芯片、材料、能源还是智能制造，都需要采取相应的

---

① 尤毅：《我国碳交易机制与政策建议》，载《海南金融》，2023年第3期，第39—46页，这里第40页。

应对措施。同时，信息化技术如能源数字化、智能化、物联网、区块链等技术也需要应用于此。此外，这样的标准化也只是其中的一部分，金融业与绿色金融相关的领域，如碳税和ESG投资等，也将成为未来的热门领域。

## 二、碳足迹支撑碳达峰碳中和

### 1. 碳中和概念

碳中和（carbon neutrality）是指国家、企业、产品、活动或个人在一定时间内直接或间接产生的二氧化碳或温室气体排放总量，通过植树造林、节能减排等形式，中和自身产生的二氧化碳或温室气体排放量，实现正负抵消，达到相对"零排放"。温室气体缩写为 GHGs（Greenhouse gases），在大气层中，促成温室效应的气体成分被称为温室气体。《京都议定书》规定需削减的温室气体，包括二氧化碳（$CO_2$）、甲烷（$CH_4$）、氧化亚氮（$N_2O$）、氢氟碳化物（HFCs）、全氟碳化物（PFCs）、六氟化硫（$SF_6$）。这6种气体都具备吸收和发射太阳红外辐射的特性，它们对于地球的温度有着重要的影响。当我们谈论温室气体时，通常指的是那些可测量且可控的主要气体，其中以二氧化碳为主要代表。与此同时，氧气和测量技术也是需要考虑的因素。从理论上讲，总共有近300种温室气体，但目前主要监控前述6种。在计算时，通常将其他气体折算成二氧化碳当量，即将气候变化对应的温室气体的减排直接等同于碳减排。

### 2. 碳足迹概念

碳足迹属于碳排放核算的一种，一般指产品从原材料加工、运输、生产到出厂销售等流程所产生的碳排放量总和，是衡量生产企业和产品绿色低碳水平的重要指标。碳足迹的中心思想是关注产品或服务在生命周期内的碳排放量。通过核算碳足迹，可以评估企业和产品对环境的影响，促进低碳生产和可持续发展。碳足迹通常分为三个维度，一是产品的角度；二是组织的角度，即一个机构或一个企业；三是项目的角度。目前研究最透彻的便是产品的碳足迹。产品的碳足迹不仅包括在生产过程中产生的碳排放，还包括在整个生命周期中，从设计到原材料提取、生产、制造、运输、使用以及生命末期和材料循环利用等各个阶段所产生的碳排放。因此，产品的碳足迹需要考虑整个生命周期内的碳排放量，而不仅仅是生产阶段的碳排放。碳排放核算范围主要分为三大类：第一类为直接排放，包括了生产电力、热力或蒸汽,物理或化学工艺,运输原料、产品、废弃物,逸散排放,等等;第二类是能源间接排放,包含了外购电力、外购热力、蒸汽供应、供冷等;第三类是范围二以外的间接排放,如设备、物料采购、运输与分销等。

**3. 碳足迹核算标准及影响**

目前的碳排放碳足迹核算标准多为基于欧美的数据库分析排放因子,国际碳足迹应用实例也有许多,如欧盟新电池法,2022年3月,《欧盟电池与废电池法规》[①]在欧洲议会投票通过,将电池管控方式由"指令"上升为《法规》,新法规要求远多于原欧盟《电池指令》,尤其是增加了碳足迹等要求:要求轻型交通工具电池和内部存储能量超过2kW·h的电动汽车电池与可充电工业电池计算产品生产周期的碳足迹,未满足相关碳足迹要求的,将被禁止进入欧盟市场。这对于中国的影响主要体现在中国电动车出口可能不得不转向欧洲本地生产的电池,欧洲电动车将获得更大优势,不排除欧盟要求电动车提供碳足迹认证。这使得中国在这一领域市场处于劣势。中国自己的核算标准亟待建立。

2022年深圳技术大学双碳研究中心联合深圳市标准技术研究院、深圳市计量质量检测研究院编著并出版了《全球碳标签认证制度研究》。本书介绍碳足迹和碳标签的基础知识,并阐述了国际应对气候变化政策和行动的演变,深入分析了全球碳标签的运行机制、标准依据、产品类别及实施情况,涵盖了中国、英国、美国、日本、法国等18个国家和地区。不仅如此,本书着重介绍碳足迹评价相关的技术工具,包括评价方法学、国内外现有的评价标准、计算软件及数据库等,为学者开展碳足迹评价提供技术指导和帮助。

**4. 如何制定统一的标准认证体系**

4.1 制定统一的技术要求和质量评价要求

为了确保碳足迹评价工作的规范性和准确性,深圳检查院制定了两个重要的标准文件。第一个文件是《碳足迹评价通用技术要求》(T/SQIA 019—2022),它提供

---

① "Council agrees on the Carbon Border Adjustment Mechanism (CBAM)", Council of the EU, 2022-3-15, https://www.consilium.europa.eu/en/press/press-releases/2022/03/15/carbon-border-adjustment-mechanism-cbam-council-agrees-its-negotiating-mandate/,访问日期:2023-11-10。

了关于如何进行碳足迹评价的通用技术要求和基本原则。这个标准文件用来指导我们在大湾区内进行不同产品碳足迹评价时，如何统一规范我们的评价方法和流程。第二个文件是《碳足迹数据质量评价技术规范》(T/SQIA 020—2022)，它关注的是碳足迹数据的可信度和准确性。这是一个非常重要的标准，因为只有可信且准确的数据才能支撑我们进行高质量的碳足迹核算。这个标准文件详细规定了数据收集、处理、分析等过程中的质量控制要求，以确保我们的碳足迹评价结果能够真实反映实际情况。

这两个标准文件的制定和实施，将为大湾区的碳足迹评价工作提供有力的技术支持和指导。同时，它们也将推动大湾区的绿色发展和低碳转型，为实现可持续发展目标做出重要贡献。

### 4.2 建立权威的碳排放因子数据集

通过对比不同排放因子与物料下组件的碳足迹，可以发现，由于国内电力排放因子的更新滞后，以及国外在计算中国光伏产品碳排放量时使用的电网排放因子数值不详，导致中国光伏产品的碳排放数值偏高。这种情况并不局限于光伏产品领域，建立权威且公正的本土化碳排放因子数据集，解决碳数据层面"卡脖子"技术问题迫在眉睫。

目前国内现有的数据库也存在一些问题。首先，成熟商业数据库中的中国排放因子数据占比很低，主要以文献为主，数据不全面且各有侧重，同时数据质量也有待验证。这些问题的存在，不仅影响了中国光伏产品在国际市场上的竞争力，也阻碍了中国在应对气候变化方面的国际合作。

为了解决这些问题，我们需要加强本土化碳排放因子的研究和数据收集。首先，需要建立权威且公正的碳排放因子数据集，通过科学的方法和手段收集数据，确保数据的准确性和可靠性。其次，需要加强同国际社会的合作与交流，共同推动全球碳排放因子数据的共享和应用。同时，也需要加强对商业数据库的监管，提高数据的质量和全面性。

### 4.3 建立大湾区碳足迹公共服务平台

利用大数据、人工智能、云计算和区块链等新一代数字化技术，可以降低碳足迹核算的门槛，实现项目的落地和推行。这些技术的结合可以提供更高效、准确和便捷的碳排放核算方法，使更多的企业和机构能够开展碳足迹核算，推动低碳生产和可持续发展。除了上述提到的技术，还可以结合其他技术来进一步推动碳足迹的核算和管理。例如，物联网技术可以用于监测能源消耗和碳排放量，提供更准确的数据来源。同时，通过大数据分析和人工智能算法，可以对碳排放数据进行挖掘和分析，提供更深入的见解和预测，帮助企业制定更有效的减排策略。在实现项目落地和推行方面，区块链技术可以发挥重要作用。通过建立基于区块链的碳足迹管理系统，可以实现碳排放数据的透明化和不可篡改性，提高数据的可信度和安全性。同时，区块链还可以为碳交易市场提供支持，实现碳排放权的确权和交易，促进碳市场的健康发展。此外，通过与高校和研究机构的合作，可以推动碳足迹核算和管理的技术创新和人才培养。通过开展相关研究项目和合作，可以不断优化碳足迹核算方法和技术，提高核算的准确性和效率，为更多的企业和机构提供支持和服务。

综上所述，利用新一代数字化技术可以降低碳足迹核算的门槛，实现项目落地和推行。这些技术的结合将为碳足迹核算和管理提供更强大的支持，推动低碳生产和可持续发展，为应对全球气候变化作出更大的贡献。

### 三、绿色标准

绿色标准的含义针对第一、二、三产业是不同的，例如在第三产业中，再生资源、高效照明、节水、节能、新能源汽车等都是绿色的代表，它们在各自的领域中具有显著的环境友好性和资源高效性。这些技术的推广和应用对于降低碳排放、保护环境、节约资源以及促进可持续发展具有重要意义。对于个人而言，低碳出行和垃圾分类是实现绿色生活的重要方式。低碳出行，如公共交通、骑行、步行等，可以减少个人交通碳排放，减轻城市环境压力。而垃圾分类则有助于资源的有效回收和再利用，减少废弃物的产生和对环境的污染。此外，环保企业也在绿色发展中扮演着重要角色。这些企业以环保技术和解决方案为基础，推动企业绿色转型和升级，实现经济效益和环境效益的双赢。

### 四、国际标准化组织

#### 1. 国际标准的界定

国际标准是指由全球范围内广泛认可的三大国际标准化组织——ISO、IEC和ITU正式表决通过并可公开提供的标准。这一主流定义不仅在行业内得到广泛认可，也得到了包括我国在内的世界各国的认同。这样的标准不仅为各行业提供了统一的规范和指导，也促进了全球范围内的技术创新和可持续发展。除了由ISO、

IEC 和 ITU 这三大国际标准化组织正式表决批准的标准之外，还有一些非国际标准化组织制定的标准也在全球相关专业领域内获得广泛认可和使用，成为事实上的国际标准。例如，美国材料试验协会（ASTM）、美国电气电子工程师学会（IEEE）和美国保险商实验室（UL）等制定的标准，均获得了认可。这些标准在各自的领域内具有重要地位，为相关行业提供了不可或缺的技术规范和操作指南。

### 2. 标准化组织

当前，国际上主要有五类标准制定组织。这些组织制定的标准都在不同程度、不同领域或区域发挥着重要作用，构成了全球标准体系和国际标准化发展的基本格局。第一类是三大国际标准化组织：国际标准化组织（ISO）、国际电工委员会（IEC）、国际电信联盟（ITU），第二类是联合国机构和国际组织，第三类是国际性专业标准化组织（事实性国际标准组织），第四类是区域标准化组织，第五类是国家标准化机构。国际标准化组织（ISO）成立于1947年，总部设在瑞士日内瓦，拥有172个国家标准机构的成员，英文全称是 International Organization for Standardization，是全球最大的非政府标准化专门机构，负责当今世界上绝大部分领域的标准化活动，成员为各国国家标准化机构。缩写"ISO"与英文全称首字母无关，而是源于希腊语，表示"平等""均等"之意。它是世界上最大和最有影响力的国际标准化组织之一。

## 五、小结

通过采取一系列行动，我们可以努力实现全球碳中和、推动可持续发展的目标。其中，降低碳足迹是一种重要的手段。碳足迹的降低意味着减少能源消耗和减少碳排放，这可以通过采用更清洁、更高效的技术和能源来实现。此外，我们还可以通过参与绿色标准和国际标准化组织的活动来推动碳中和进程。这些标准和组织为我们提供了一个平台，让我们能够与全球各地的利益相关者合作，共同制定和执行更严格的环保标准。

# 德国高校质量文化之探析

李琦琦　深圳技术大学外国语学院德语系

**内容提要**：本文旨在探讨德国高校的质量文化，包括其对质量文化的理解以及质量文化被提出的背景，并以德国纽伦堡大学为例具体介绍其质量文化实践的特点。期望通过了解德国高校对质量文化的理解，为我国高校质量文化的建设和提升提供借鉴。

**关键词**：德国高校；质量文化；高校建设

教育部在2021年发布的《普通高等学校本科教育教学审核评估实施方案（2021—2025年）》将质量文化作为新的审核标准。有学者认为，这一全新变化意味着"我国高校质量保障将从传统操作层面管理转向更高层面的价值追求"。[①] 高等教育的质量发展必须更进一步，不仅仅是以质量管理目的而定义过程、规则和程序，还必须注重培养一种质量文化。但什么是质量文化？对质量文化的基本研究和概念性的理解，我们仍旧缺乏充足的探讨。因此，本文将探究质量和文化以及德国高等教育的质量文化理解和行动，包括其提出的背景和具体的理解，并以德国纽伦堡大学为例，对其质量文化实践特点进行具体介绍。作者期望通过介绍德国对于高

---

① 薛成龙、郭玉婷：《欧洲高等教育质量保障的转型发展——基于高等教育质量文化建设的考察》，载《中国高教研究》，2022年第10期，第43-52页，这里第43页。

等教育质量文化的理解，为我国高校质量文化建设等相关研究工作提供参考。

## 一、质量与文化

一般说到质量，我们更多会想到的是质量监管、质量管理等词，即被动遵守规则。相对于这些词，"质量文化"似乎不那么经常被使用，它把两个我们熟悉但看似不相关的概念结合在一起。分开的"质量"和"文化"两个词是我们日常生活中总能听到和使用的词，而且一说就知道是什么，但是如果问这具体是什么，想解释其概念，似乎又很难定义它们。因此，不难理解，"质量文化"为何至今都不是一个定义明确的概念。

首先我们来探讨一下"质量"和"文化"这两个词语的含义。

"质量"这一术语有着悠久的历史，但至今仍没有一个让人们普遍认同的定义。因为这个术语在不同学科中具有不同的理解。质量一词最早是16世纪上半叶从拉丁语qualitas、qualis派生而来，意为"属性""如何描述"。当时在医学中，质量一词在体质理论中被用于表示"特性""特点"，17世纪受到法语qualité的影响后，质量一词开始在商业语言中使用，并逐渐获得了多种专业术语上的含义。[①] 在国际标准化组织（ISO）的定义中，质量是"一组固有特性满足要求的程度，即产品（商品或服务）在多大程度上符合了现有的要求"。[②] 因此，在某种程度上作为"服务产品"的教育也与质量有着天然的联系。在高等教育领域，隐性的质量问题也一直存在。特别是最近几十年，公众对于高等教育质量的关注和讨论也越来越多。我国的《教育大辞典》中对教育质量的解释是"教育水平的高低和效果优劣的程度，最终体现在培养对象的质量上。"[③] 中国有学者将高等教育质量概括为卓越、符合标准、能达成目的以及物有所值和增值等类型。[④] 而国外也有学者说"质量就像爱一样：无法捉摸，但确实存在；可以体验，但无法量化；总是转瞬即逝，所以我们必须不断努

---

[①] Pfeifer Wolfgang (Hrsg.), *Etymologisches Wörterbuch des Deutschen*, 8. Auflage, München: Deutscher Taschenbuch Verlag, 2005, hier S. 1065.
[②] Uwe Schmidt, „Wie wird Qualität definiert？", Mathias Winde (Hrsg.), *Von der Qualitätsmessung zum Qualitätsmanagement*, Essen: EditionStifterverband-Verwaltungsgesellschaft für Wissenschaftspflege GmbH, 2010, S.10-17, hier S. 10.
[③] 教育大辞典编纂委员会：《教育大辞典（第1卷）》，上海：上海教育出版社，1990年版，第24页。
[④] 国兆亮：《高等教育质量标准研究》，北京：知识产权出版社，2021年版，第33-35页。

力追求它。"① 由此可见，尽管有各种定义的尝试，但质量仍然是一个模糊的概念。当我们观察质量时，总是需要以一个明确的目标系统作为参照点。但是在教育领域存在着多种目标系统，而这些目标系统的合适性却也有待商讨。因此，无论是质量还是高等教育质量都是一个多维度的概念，我们无法用单一的定义来概括，它是一个持续的过程，一个动态的过程，一个永远需要不断探索的领域。对质量进行定义是大学的一项重要任务，需要在社会要求的框架内明确目标，并采用合适的质量保证工具。不同利益相关方，如国家、企业市场、学生和家长等，对高等教育质量有不同的期望和要求。同时，学术界也有自己衡量质量的固有标准。高等教育质量不仅服务于大学内部的质量发展和保证，也对国家和社会负有责任。综上所述，高等教育质量作为多维度的概念，需要通过制度措施与利益相关者的共同努力来实现和提高。而不同的评估方法和工具可用于不同的目的和领域。

何为"文化"？作为一个术语，它就像人们熟悉的日常用品，似乎根本无须解释，不言而喻。欧洲一体化的主要设计师及欧盟创始人之一的让·莫内曾经说过："如果我重新开始欧洲的统一，我会从文化而不是经济入手。"② 文化的作用性可见一斑。许多学者给文化下定义，有人说文化是为了实现群体目标而形成的防御性动态的意图和工具，也有人认为，文化是价值观的习俗或规则或是知识的体系，是人们对自己、对世界的理解，它受到教育的影响。从语义来考究，文化这个词来自拉丁语的 cultura，指的是 colere，意思为培养、培育。③ 正如人类学领域所认为的那样，文化不是生物遗传的，而是通过世代相传，并具有适应性和综合性、描述性、包容性和相对性，且具有象征性意义。它描述了人类活动的一般模式，并赋予了它们意义的符号。可见很多东西的意义是我们赋予上去的，对文化的不同定义，恰好也反映了理解人类行为的不同理论的基础。因此，文化可以被定义为一种价值观、习俗、规则或知识体系，它与人们对自己和世界的理解以及教育有关。可

---

① Detlef Müller-Böling, „Tagungserkenntnisse und zukünftige Arbeit des CHE Centrum für Hochschulentwicklung", in Detlef Müller-Bölin (Hrsg.), *Qualitätssicherung in Hochschulen Forschung - Lehre - Management*, Gütersloh: Bertelsmann Stiftung, 1995, S.357-370, hier S. 357-358.

② Hanns-Stephan Haas / Paul G Hanselmann, „Qualitätsmanagement im Kontext der Gestaltungsozialer Dienste in Europa", in Linzbach, Christoph et al. (Hrsg.), *Die Zukunft der sozialen Dienste vor der Europäischen Herausforderung*, Baden-Baden: Nomos Verlagsgesellschaft, 2005, S. 463-487, hier S. 463-464.

③ Friedrich Kluge / Alfred Götze, *Etymologisches Wörterbuch der deutschen Sprache*. 20. Auflage bearbeitet von Walter Mitzka (Hrsg.), Berlin/New York: De Gruyter, 1967, S. 411.

见，文化也是一个多维度的概念，文化的定义因不同学者的不同观察视角而异，并随时间而发展变化。文化的概念是在19世纪中期发展起来的，"文化"一词通常用来指代"上层"文化，指的是文明精致、美丽和智慧，并被视为民主国家的基本组成部分，这种观点后来演变成了文化帝国主义的核心思想。但随着时间的推移，它的含义开始扩展，包括了"下层"文化或大众文化。人类学家布罗尼斯拉夫·马林诺夫斯基也对广义的文化进行了定义，将其定义为包括了继承下来的人工制造物、商品、加工技术、观念、习惯和价值观等。但早在此之前，赫尔德就曾提出文化是具体而多样的东西的观点，他认为文化是具体而又可变的，取决于社会和经济群体的差异。作为一个科学概念，文化常被用来解释社会和集体行为，强调个人行为的背景条件。①② 具体而言，文化是一个无形的影响因素，一旦渗透到个人的思维和行为中，就会对其产生影响。也因这一特质，质量文化的概念首先在商业领域被提出，属于组织文化的一部分。在组织文化的相关研究中，学者主要将质量文化研究应用于探究和解释企业成员或组织成员对日常工作中的行动及组织价值观的践行，从而试图理解文化的运作方式和意义。另一方面，质量文化的概念最初是作为对技术主义的质量保证方法的反思而引入的，它有别于质量控制和质量管理等技术官僚和等级制度的方法概念。③④

## 二、德国高校质量文化的提出

在德国，特别是自1968年学生运动以来，质量评估就已经开始被纳入德国大学内部质量保障体系。从20世纪90年代开始，质量保证的概念在德国高等教育政策讨论中得到确立。政府和公众特别关注国内和国际教学及学术水平的透明度和可比性，以及有效使用资金的问责制等方面。除了德国高等教育政策的变化，欧洲也开始发展统一的高等教育区域。1999年开始，伴随博洛尼亚进程的推进，德国高等教育不仅引入了新的分层学习体系，还将保证质量作为所追求的目标之一。为了制定在欧洲各国高等教育界之间有可比性的质量保证标准和方法，促进欧洲在质量

---

① 彼得·伯克：《什么是文化史》，北京：北京大学出版社，2020年版，第38–39页。
② Ulf-Daniel Ehlers, „Qualitätskultur für bessere Bildung. Hochschulen auf dem Weg von einer Kontroll- zu einer Qualitätskultur", Bildungsforschung, Nr.5, Ausgabe1, 2018, S. 1-39, hier S. 8-9.
③ Elena Wilhelm, „Wozu Qualitätskultur？", Qualität in der Wissenschaft, Bd. 11, Nr. 1, 2017. S. 2–9, hier S. 2.
④ 同注②，hier S. 9-10.

保证方面的合作，欧洲质量保证机构协会（ENQA）还负责制定了质量保证标准、程序和指南，并研究确保质量保证和认证机构采用适当的同行评审流程的方案，有效地推动了《欧洲高等教育领域质量保证标准和指南》（ESG）的制定，实现了国际化的质量保证标准化。

随着各种针对高等教育机构的评价、评估、认证和测试系统的常规化，质量保证体系在德国高等教育领域已逐渐形成。但值得一提的是，这些质量评估并不意味着教育方法正在改变。相反，德国学者的研究结果表明，虽然建立了系统、程序和规则，产生了大量的数据和报告，但教师和学生并没有充分、积极参与质量保障过程。教育方案的质量发展问题实际上并未得到解决。[①] 一直以来，质量保障政策在执行层面都是被动的。真正与教学紧密相关的人员，即教员和学员，都只是被管理、被监督。当然，也有德国学者对这种不断加码的质量管理和监控行为提出质疑：学术文化在大学中具有核心意义，而学术的发展本身需要自由，质量管理与学术文化是否存在冲突？在质量管理盛行的今天，我们需要确保学术保持其独立的价值和原则，而不是行政官僚主义的价值和原则。在讨论高等教育服务质量的过程中，人们提出了建立长期质量文化的主张。2003年，博洛尼亚进程的部长们要求欧洲质量保证机构协会为高等教育制定一套商定的标准、程序和指南。由此，2005年推出了《欧洲高等教育领域质量保证标准和指南》，并于2015年对其进行了修订。该指南将高校质量保证分为三个部分：高等教育机构内部保证、高等教育的外部保障和对外部保障机构的质量保证。德国大学校长联席会议（HRK）对此份指南进行了解读，认为此份指南的基本原则是鼓励各高校在欧洲理念的基础上进行反思，并且支持高等教育机构在内部实施机构质量文化。指南中所列出的内部质量保证标准，其实是在试图尽可能地用普遍有效的方式描述发展质量文化的必要条件。解读中还强调，质量文化没有普遍有效的标准，它受到不同高校教学风格和学科文化的影响。他们认为，比起质量监管，这种不言而喻的协议和价值观对人们的影响更大。[②] 因此我们可以理解，质量文化的意义在于共同理解质量并达成共识，它不

---

[①] Ulf-Daniel Ehlers, „Qualitätskultur für bessere Bildung. Hochschulen auf dem Weg von einer Kontroll- zu einer Qualitätskultur", Bildungsforschung, Nr.5, Ausgabe 1, 2018, S. 1-39, hier S. 3.

[②] Barbara Michalk, „Gelebte Qualitätskulturen – Die Umsetzung der European Standards und Guidelines (ESG) an deutschen Hochschulen", Nexus Impulse für die Praxis, Ausgabe 9, 2015, S.1-7, hier S. 2-3.

应该仅仅是从上至下的要求和监督，而应该是需要机构内每个行为者参与其中并理解和认可质量的重要性。同时，应通过塑造参与者的价值观和能力来保证质量，而不再只关注从外部进行质量的管控。这样看，质量文化其实是一种质量保证文化，即一种能够通过传播且最终内化的质量保证体系文化。[1]

那么，如何通过塑造价值观来形成质量文化？根据海德堡大学开展的一项关于高校质量文化研究项目的研究结果及学者埃勒斯的研究总结，可以得出结论：质量文化不仅包括学校高层的指示，还需要各方参与，包括学生、教师和高校机构内的成员。通过沟通和交流的方式构建质量文化，也就是运用沟通和交流来传播质量的价值和信仰。此外，民主互动和信任也是质量文化的重要组成部分。[2] 总的来说，质量文化由多个要素组成，需要通过沟通、参与和信任来成功构建。

## 三、德国高校质量文化的实践——以纽伦堡大学为例

以纽伦堡大学为例，我们可以看到它在质量文化构建方面做了许多努力。该大学制定了一份质量手册，其中包含了众多原则和指导方针，旨在推动学校的质量规划和发展。

纽伦堡大学的质量管理是基于《欧洲质量保证标准和指南》而构建的。其核心理念是共同参与、信息透明和辅助原则。共同参与体现在大学把各个层级和角色的群体都纳入信息流动渠道并参与决策。透明和辅助原则则体现在所有层面和方向之间建立起沟通流畅的结构和流程。纽伦堡大学的质量文化将大学各部门之间的有效交流和所有大学成员对质量管理系统目标的认识置于核心位置，并在日常实践中，通过所有相关群体的参与确保信息和决策的透明。通过明确的职责、流程的持续改进以及使所有相关参与者可访问和跨课程等措施，统一促进校内成员对学校质量保障系统的融入。其目标是持续改进教学计划，并为教学和学习质量保障的实现创造最佳条件。与此同时，该校认可良好教学和最佳学习条件会因学科的不同而不同，不采取一刀切的要求模式，而是将学科多样性视为重要的特点。相关信息的密集交流显得尤为重要，因此，每个学院至少设有一个质量协调机构，代表该学院

---

[1] Elena Wilhelm, „Wozu Qualitätskultur? ", *Qualität in der Wissenschaft*, Bd. 11, Nr. 1, 2017. S. 2–9, hier S. 4.
[2] Karlheinz Sonntag / Christine Sattler, „Mehr als Qualitätssicherung - Über Qualitätskultur an Hochschulen ", *Forschung & Lehre*, Nr.7, 2018, S. 590-591, hier S. 591.

的质量保障事务，各层面关于质量的建议首先在质量协调机构讨论，然后由学术主任同教务主任和副校长进一步协调和发展，最后在学生代表、科研人员代表及妇女事务代表的积极参与下进行讨论和决议。具体而言，质量保障系统的这种参与性和沟通性特征使得来自学校各层面群体的关于质量优化的想法都可以获得学校层面的关注。①

## 四、结语

总的来说，在构建质量文化方面，不能简单地将质量文化视为一种规范概念。根据德国的理解，质量文化与不同的管理和教学风格、学科文化及传统密切相关，并会对它们的形成产生影响。我们应该尊重不同学校的教学风格和传统，以及不同学科的多样性，不能简单地套用统一的标准，而应该从高校自身的特点、学科领域和学习课程的设计出发。因此，我们首先需要放弃追求普遍有效标准的想法；其次，需对现有策略进行反思和持续改进。质量文化的概念最初是作为对质量保证的技术主义的反思而提出的，质量文化应被理解为根据具体情况进行有争议的讨论和反思，而不是"套标准生产程序"就能达到的结果。

质量文化的形成需要学校各方参与，不仅仅是一线教师，还包括学生。学校的每个成员都应该了解、理解并认同关于质量保障的价值观。与传统的单向质量监督不同，质量文化的形成更多需要双向沟通的方式。当然，文化的形成和变化需要时间积累和沉淀。急于求成往往也会带来不良后果。

---

① QM-Handbuch–Siegelerhalt an der FAU, https://www.fau.de/files/2021/10/qm-handbuch.pdf, 访问日期：2023-12-01。

# 胡塞尔科学哲学思想概貌

周兵　深圳技术大学马克思主义学院（人文社科学院）

**内容提要**：胡塞尔对自然科学的本质思考构成了他的科学哲学，或者说现象学的科学哲学，他的现象学的一个重要任务就是要为各具体科学奠基，他甚至把现象学定义为一种科学论。他的科学哲学与众不同，被深深地打上了现象学的烙印。根据胡塞尔哲学思想的发展轨迹，他的科学哲学可分为前后期两个阶段。前期的胡塞尔科学哲学关注数学和逻辑的本质问题，讨论自然科学的本质及其与现象学的关系。胡塞尔后期的科学哲学提出生活世界是自然科学的源泉和意义之所在，也是一切科学的前提。古希腊以来对生活世界的数学化运动，特别是伽利略主导的对自然的更加抽象的数学化，促成了自然科学的极大发展，同时也造成了对生活世界的遗忘，从而酿成危机。

**关键词**：现象学；科学哲学；生活世界；数学化

## 一、导言

哲学与科学技术一直处于一个相互影响的关系之中。近年来伴随着科学技术的迅猛发展，人类迈入工业4.0时代，科学技术对人类的影响日益增强，各国哲学学者对科学技术哲学的研究热情不断高涨，涌现出如人工智能哲学、互联网哲学、工程哲学、生物哲学、医学哲学、环境哲学、科学技术伦理学等门类。一方面，这体现了科学技术对哲学的影响，科学技术的发展拓宽了哲学的研究领域，提出了一些新的哲学问题；另一方面，科学技术哲学的发展可以让人们进一步看清科学技术之本质，科学技术哲学之研究成果为科学技术的发展提供智力支持和必要的方法论指导,最终推动科学技术进步。胡塞尔以现象学的方式考察科学的本质,对他的现象学科学哲学思想进行研究则能为人们理解当代日新月异的科学技术发展程式提供一把独特的钥匙。

胡塞尔本人掌握了许多自然科学知识,他在大学期间学习了物理学、天文学和数学,获得数学博士学位。《算术哲学》作为他的第一部哲学著作,以心理学的方式讨论了数的本质,希望通过对"数"的概念的分析来为算术提供基础。与此相反,他的成名作《逻辑研究》则梳理了逻辑学中的心理主义并由此开辟了现象学道路。在《哲学导论》中他介绍了哲学的四个门类:①科学哲学与逻辑学;②价值论与伦理学;③自然科学与目的论视角的自然哲学;④知识论,即现象学。在《观念2》中胡塞尔论述了动机引发(Motivation)作为人文科学和自然科学的最底层原则,自然化了的动机引发就是因果性(Kausalität),它是自然科学的实际原则。胡塞尔在《观念3》中考察了自然科学论的两个主题,即不同科学之间以及自然本体论与现象学之间的关系。《欧洲科学危机和超验现象学》是胡塞尔生前出版的最后一部著作,他在书中阐释了欧洲自然科学的危机,自然科学与普遍哲学分离并以和生命现实不符的公式来描述外部世界,他批判了实证主义科学思潮,提出恢复哲学作为第一科学,即建立新的、绝对严格和真的科学——现象学,通过现象学为自然科学提供基础,以解决危机。

胡塞尔的科学哲学的核心在于以现象学来为科学奠基。因此,他的科学哲学有着浓厚的现象学色彩。国内外的学者对他的科学哲学褒贬不一。罗克汀批判了胡塞尔对当代自然科学的贬低和否定。[①] 戴建平则肯定了胡塞尔的科学哲学与逻辑经验主义之间的双向影响。[②] Mahnke认为现象学认识到了形式数学对所有精确科学的奠基作用,自莱布尼茨以来,它首次以清晰的意识达到科学的统一理论。[③] Compton认为

---

① 参见罗克汀:《胡塞尔现象学是对现代自然科学发展的反动》,载《哲学研究》,1980年第3期,第67-76页,这里第75页;罗克汀:《胡塞尔现象学的"欧洲危机论"剖析》,载《贵阳师院学报(社会科学版)》,1983年第4期,第33-39页,这里第39页。
② 参见戴建平:《略论胡塞尔的科学哲学思想》,载《科学技术与辩证法》,2005年第1期,第51-63页,这里第54页。
③ 参见Mahnke, D.," From Hilbert to Husserl: First Introduction to Phenomenology, Especially that of Formal Mathematics", Translated by D. Boyer, *Studies in the History and Philosophy of Science*, Vol.8, 1923/1977, pp. 71-84, here p. 75;胡塞尔:《逻辑研究II/2》,倪梁康译,上海:上海译文出版社,1998年版,第255页;倪梁康:《胡塞尔〈逻辑研究〉中的纯粹逻辑学观念》,载《江海学刊》,2003年第5期,第29-35页,这里第33-34页;钱立卿:《胡塞尔的"纯粹逻辑学"纲领及其意义——论〈逻辑研究〉第一卷中的逻辑哲学思想》,载《哲学分析》,2019年第5期,第66-80页,这里第67页和第73页。

把现象学与科学哲学看作是立场一致的,这听起来像是一个坏的笑话,因为它们是两种不相容的思想趋向。① Mormann 比较了胡塞尔科学哲学与语义学方法,承认它们之间的相同之处。② Wagner 则认为胡塞尔的科学哲学可以极大地推动当代科学哲学的发展,不了解胡塞尔的科学哲学就无法完整把握当代科学哲学的症结之所在。③

要评价胡塞尔的科学哲学,必须先了解他的科学哲学。因此,本文首先介绍胡塞尔的科学哲学概念,随后简短地阐释胡塞尔前后期的科学哲学思想概貌。尽管胡塞尔不以科学哲学家著称,但他的现象学却与科学哲学关系紧密。因此,他的科学哲学概念与一般的科学哲学家的概念有所不同,需要首先被厘清。

## 二、胡塞尔科学哲学概念

胡塞尔毕生的目标是建立作为严格科学的现象学,它是科学之科学,为所有知识提供最可靠的地基。他的雄心壮志继承了笛卡尔、康德等著名哲学家对人类知识之最终确定性的思考。如这些先贤前哲一般,他推崇把形而上学看作"关于最高的和最终的问题的科学,应享有科学皇后的荣誉",以及普遍哲学观念等自古代以来的理性哲学传统,④并希望再度把科学归入哲学的理性传统之下,但是这种归入与黑格尔不同,不是要与文艺复兴以来自然科学和哲学相分离之趋势相悖,仿佛要把本已从哲学中独立出来的自然科学重新拉入哲学的怀抱。毋宁说,他是要对自然科学的"科学性作严肃认真的和十分必要的批判",⑤要为自然科学奠基,而自然科学的根基就是现象学。

由上可知,作为科学的哲学,即现象学,与具体的自然科学是不同的。而专门对自然科学进行思考的哲学——科学哲学又与前二者相异。为了搞清楚这三者之间的关系,必须首先阐明前两者,即两种科学的概念:作为科学的哲学以及具体科学。胡塞尔认为,在古代人们有一种普遍哲学的观念,"古代哲学就把追求关于一

---

① 参见 Compton, J. J., "Some Contributions of Existential Phenomenology to the Philosophy of Natural Science", *American Philosophical Quarterly*, Vol.25, 1988, pp.99-133, here p. 99.
② 参见 Mormann, T., "Husserl's *Philosophy of Science* and the Semantic Approach", Philosophy of Science, Vol.58, 1991, pp. 61-83, here pp. 73-81.
③ 参见 Wagner, H., "Husserl's Ambiguous Philosophy of Science", Translated by J. N. Mohanty, *The Southwestern Journal of Philosophy*, Vol.5, 1974, pp. 169-185, here p. 172, p. 185.
④ 胡塞尔:《欧洲科学危机和超验现象学》,张庆熊译,上海:上海译文出版社,2005年版,第12页。
⑤ 同上,第6页。

切存在者的普遍知识这一热情奔放的思想当作自己的任务"，近代哲学继承了古代的普遍哲学理想，"作为一种包罗万象的科学""作为关于全部存有者的科学""它为自己提出新的普遍的任务""是一次哲学的重新奠基"。① 科学就是知识，源自古希腊语 episteme；近代哲学把哲学作为科学，反映了哲学的知识论转向。"科学要求具有严格地建立起来的真理"，近代知识论哲学就是要"在一种统一的理论体系中，用一种严格的科学方式，即，用一种进行逐一证明得清楚明白的方法，在一个无限的但具有合理秩序的研究过程中，包容一切有意义的问题"。② 胡塞尔对哲学的观点与近代哲学一脉相承，他认为"哲学本质上是一门关于真正开端、关于起源、关于万物之本的科学"，③ 提出建立一门作为严格科学的哲学。作为科学的哲学研究万物之本；而各具体科学则有各自的研究对象及研究领域，建立在哲学的基础之上。因此，作为科学的哲学是具体科学的根基。

现代科学哲学则是专门对具体科学特别是自然科学自身，如什么是科学、科学的发展模式如何、科学的方法论、科学的价值与真理等，进行研究的哲学门类。赖欣巴哈认为现代科学哲学的产生是科学研究与逻辑分析的分工的结果，"它用对科学的结果进行分析的办法建立着知识论""科学哲学企图摆脱历史主义而用逻辑分析方法达到像我们今天的科学结果那样精确、完备、可靠的结论""它否认有绝对真理的存在，而只追求经验知识"。④ 清楚了两种科学以及科学哲学的概念，就可以讨论一下三者之间的一些联系。胡塞尔对自然科学的本质思考构成了他的科学哲学，或者说现象学的科学哲学，他的现象学的一个重要任务就是为各具体科学奠基。因此，可以说他的现象学本身就是一种科学论（Wissenschaftstheorie）。尽管如此，现象学既不同于具体科学，也不完全等同于现代科学哲学。毋宁说，现象学的科学哲学是现象学与科学哲学的交集。

现象学向人们展示了知识最可靠的地基，而自然科学知识是人类有史以来所取得的最傲人的成果，被认为是最精确的知识，因此现象学必然与自然科学知识相关

---

① 胡塞尔：《欧洲科学危机和超验现象学》，张庆熊译，上海：上海译文出版社，2005年版，第10页、第18页和第19页。
② 同上，第9页和第11页。
③ 胡塞尔：《哲学作为严格的科学》，倪梁康译，北京：商务印书馆，1999年版，第69页。
④ 赖欣巴哈：《科学哲学的兴起》，伯尼译，北京：商务印书馆，2016年版，第162页和第180页，参见第108页。

联。事实上，胡塞尔的现象学也一直在讨论自然科学知识的基础，他终其一生都在思考作为人类知识模板的自然科学之本质。他对自然科学的思考，或者说他的科学哲学可以分为前后两个阶段。胡塞尔前期的科学哲学思想体现在他的《逻辑研究》及《观念》系列著作中，根据他的思想的变化又可以再次细分为两个阶段：①《逻辑研究》及其以前对数学和逻辑本质的思考；②《观念》系列著作对自然科学整体的思考。

## 三、胡塞尔前期科学哲学思想

### 1. 早期的胡塞尔科学哲学思想——关于数学及逻辑的本质

根据Haddock的理解，胡塞尔的成熟的数学哲学思想形成于他的《逻辑研究》中，此后终其一生没有本质性的改变。胡塞尔与同时代的数学家希尔伯特和弗雷格观点相近，他们作为莱布尼茨主义者都相信逻辑学和数学有着很近的亲缘关系。弗雷格及他的后继者如怀特海和罗素都持还原论观点，认为非几何学的数学都可以约简为逻辑学，数学概念可以根据逻辑学概念及源自逻辑学公理的逻辑定理来获得定义。胡塞尔与希尔伯特则既不持把数学还原到逻辑学的观点，也不持把数学还原到集合论的观点。胡塞尔在出版深受心理主义影响的《算术哲学》之后，通过对莱布尼茨、波尔查诺、洛采和休谟的著作进行研读，在哲学研究中逐渐抛弃了心理主义学说。这一时期，黎曼、康托和克莱因等数学家的思想也直接影响了他的数学哲学研究。胡塞尔在《逻辑研究》中建立了一种既不同于心理主义逻辑、也不同于经验主义逻辑、还不同于纯粹逻辑语法学的现象学的纯粹逻辑观念，纯粹逻辑学所追求的是形式，以观念为目的，不是以具体科学或对象为目的，它所研究的领域与纯粹数学相同，纯粹数学和纯粹逻辑学都是纯形式的先天科学。胡塞尔对逻辑学本质和数学本质进行界定，并论述了二者之间的关系。

### 2. 静态本质现象学时期的胡塞尔科学哲学——科学与现象学先验自我

胡塞尔的《观念1》从自然态度、外部世界以及心理经验所呈现的意识出发，进行现象学还原，通过这种还原排除一些自然的固化的认知障碍，从而获得一种被先验纯化的现象视野，进入现象学领域。纯粹现象学不是作为事实，而是作为本质的科学。在现象学领域，先验纯化的意识及其本质和一般结构显现自身。同时这种纯粹意识的相关项也得到讨论。自然科学及自然科学的对象就是纯粹意识的相关项。《观念2》则在《观念1》的思想基础上重点阐释纯粹现象学与各种具体自然科学、人文科学和一切先验科学之间的复杂关系。现象学的构造理论则为这种关系阐释提供了方式,现象学构造涉及三个层次,涵盖了所有自然科学与人文科学的对象,即物质自然、动物自然和精神世界,它们的构造过程就揭示了它们与纯粹现象学或者先验现象学的关系。胡塞尔认为动机引发是人文科学的原则,而因果性则是自然科学的原则。《观念3》讨论纯粹现象学作为真正的哲学,即,把现象学看作第一哲学的本质现象学,划分了实在的不同区域,解释了心理学与现象学、本体论与现象学的关系,论述了科学及其基础的阐明的方法。通过现象学阐明的方法,一切科学的概念能被还原为具有最高明晰度的概念和命题,可理解的知识于科学之根源处显现,由此一切独断性科学得以确立其基础。而现象学则是严格的科学、一切具体科学之科学。

自然科学是胡塞尔终生关注的话题,他的现象学分析之出发点就是现象学视野之外在人们日常生活中占统治地位的自然态度,而自然态度又是自然科学的出发点。通过现象学搁置,自然态度的现象学地基得以显现,先验主体通过构造形成自然科学的诸多对象及自然科学本身。由此,胡塞尔阐明了自然科学和现象学之间的关系。

根据胡塞尔的看法,自然态度是日常生活和自然科学研究的习惯态度,即认为外部世界万物拥有天然的不可置疑、无须证明的客观存在。"回到事情本身"这个口号就是要人们反思这个未经推敲的自然态度。通过现象学还原,这种先入为主的对外部世界之存在的观点得以克服,世界的现实性得以澄清,即,世界的现实是它在所意识它的主体意识中的呈现以及意义。自然态度下所看到的世界包括自然科学的对象以及自然科学本身,都是在现象学还原中所达到的先验主体的构造(现象学构造)。也就是说,世界的实在性其实是众多先验主体的可感知和可规定的意识内容中表象一致的东西,即主体间被给予和被视之为同一的东西,是众先验主体的意识的集体的协调一致的设定。自然科学及自然科学的对象当然也是主体间意识的集体设定,所以说先验现象学是具体自然科学的基础,因此,胡塞尔说现象学是科学之科学。

## 四、胡塞尔后期科学哲学思想——生活世界作为科学的基础

胡塞尔后期的科学哲学思想集中反映在他的《欧洲科学危机和超验现象学》中。在这部著作中,他回顾了欧洲的理性哲学传统,特别是文艺复兴和近代哲学中的理

性发展脉络,并重温欧洲自然科学发展史,对自然科学的一些重大问题做出深入透彻的分析,揭示了欧洲科学的危机,深刻阐释了自然科学的本质,鞭笞了科学实证主义。数学化是欧洲自然科学发展中的重大事件。

根据胡塞尔的观点,古希腊数学,特别是欧几里得几何学,在柏拉图的理念论及亚里士多德形式逻辑的帮助下,理念化经验世界中的几何实物,建立了一个由公理与定理所组成的命题演绎系统。① 因此,几何学的概念是经验世界的理想化,人们可以在经验世界中找到与几何学的研究对象相近似的实物,对这些实物的测量活动在主体间性的协调之下进一步使理想化的几何概念普遍化与客观化。② 由此,几何概念的一义性得以建立,几何学的真理性得到保证。既然几何概念所构成的观念世界是一个真理系统,那么经验世界也应该有和它相应的一套演绎真理性,也就是说经验世界本身也是一个理性整体,它的各部分也可以按照几何学的方法进行逻辑推演,这就是经验世界的几何化或者数学化。③ 数学可以被用作事先设计世界构成方式与因果序列形式的工具,也就是说通过数学设计一个理想的数、量、值、形状、关系等的观念世界,经验世界中的情况则不断被证实为与这个数学观念世界无限趋近。④

近代开端,比几何学更抽象的形式数学观念(代数、连续性数学以及解析几何)发展起来,它被应用到自然科学领域,形成数理自然科学,这是伽利略开创的。⑤ 在几何化的世界中,他看到几何观念世界与经验世界的一致性,经验世界的事物形状性质体现了观念世界的真理。由此,他想到这种思路同样可以应用到其他领域,如物理学,即,为物理世界建立一个与几何学类似的数学模型。⑥ 根据胡塞尔的观点,伽利略对已经被几何化或者直接数学化了的自然界进一步进行间接数学

---

① 参见胡塞尔:《欧洲科学危机和超验现象学》,张庆熊译,上海:上海译文出版社,2005年版,第29–30页。
② 同上,第38页。
③ "这种被直观地给予的周围世界的普遍的因果样式使假设、归纳和对世界的现在、过去和将来的未知事件的预言成为可能。"参见胡塞尔:《欧洲科学危机和超验现象学》,张庆熊译,上海:上海译文出版社,2005年版,第42–43页。
④ 参见胡塞尔:《欧洲科学危机和超验现象学》,张庆熊译,上海:上海译文出版社,2005年版,第43–44页; Kockelmans, J. J., "Idealization and Projection in the Empirical Sciences: Husserl vs. Heidegger", *History of Philosophy Quarterly*, Vol.6, 1989, pp. 365-380, here p. 370.
⑤ "通过伽利略对自然的数学化,自然本身在新的数学的指导下被理念化了;自然本身成为——用现代的方式来表达——一种数学的集(Mannigfaltigkeit)。"参见胡塞尔:《欧洲科学危机和超验现象学》,第32页。
⑥ 参见胡塞尔:《欧洲科学危机和超验现象学》,张庆熊译,上海:上海译文出版社,2005年版,第45页。

化,直接数学化使得物体的形状被抽象出来,间接数学化就是要对除形状之外的物体的其他感性性质,如颜色、温度等,进行抽象处理,也就是要构建一个这些性质的数学量值的观念世界,使之成为客观的知识,最后,物体的形状与感性性质同属一个因果世界,这个世界中的所有物件都成为应用数学的对象。[1] 数学、测量技术以及普遍的归纳方法在这一过程中起到了至关重要的作用,理念化与数学化互促互进,自然界的因果关系被转化为以数学公式为形式的函数关系。[2] "自然在它'真正的自在的存有'中是数学的。"[3] 自然规律当然也是数学的。[4]

胡塞尔认为伽利略的物理学理念是一种奇特的假设,这种假设虽然能被证实,但始终是假设。胡塞尔进一步指出:"无穷无尽的假设和无穷无尽的证实就是自然科学的特有本质,就是它的先天的存有方式"。[5] 物理学的函数公式体现的既是假设,又是能指导未来实践的预言,而函数公式的形成则得益于当时代数的发展。[6] 代数直接促成了"几何的算术化",[7] 几何的时空意义被转化为纯粹的数值关系,纯几何变为解析几何。这种算术化后来达到顶峰,"导致完全的普遍的'形式化'",[8] 即形式逻辑以及集合论。因此,数学化成为解释自然的方法与技术,这种方法与技术慢慢地掩盖了真正的自然。最后,真正的自然反而被方法与技术所替代。[9]

因此,胡塞尔认为,伽利略的物理学以数学公式建立的观念世界来解释或者数学化大自然,最终导致数学的观念世界取代了日常生活世界。[10] "于是,自伽利略起,理念化了的自然就开始不知不觉地取代了前科学的直观的自然。"[11] 然而,生活世界或者前科学的直观的自然才是所有科学的源泉和意义之所在,是科学得以确

---

[1] 参见胡塞尔:《欧洲科学危机和超验现象学》,张庆熊译,上海:上海译文出版社,2005年版,第45—50页。
[2] 同上,第54—55页。
[3] 同上,第72页。
[4] 胡塞尔认为,"它是通过对事实的经验材料的归纳而获得的'后天的知识'"。参见胡塞尔:《欧洲科学危机和超验现象学》,张庆熊译,上海:上海译文出版社,2005年版,第72页。
[5] 参见胡塞尔:《欧洲科学危机和超验现象学》,张庆熊译,上海:上海译文出版社,2005年版,第55页。胡塞尔受到逻辑实证主义的影响,参见戴建平《略论胡塞尔的科学哲学思想》,载《科学技术与辩证法》,2005年第1期,第54页和第63页。
[6] 同注[1],第57—58页。
[7] 同注[4],第58页。
[8] 同注[4],第59页。
[9] 同注[1],第68页。
[10] 同注[1],第64页。
[11] 同注[4],第66页。

立的自明性所在之处，也是一切科学的前提。① 所以胡塞尔说，伽利略"既是发现的天才，又是掩盖的天才"。②

最终，在这种掩盖之下，以数学为工具的精确物理学发展起来，它以经验实证为特征，强调经验与物理理论的符合。这种科学实证主义崇尚被确证的客观真理，致使科学中的理性元素渐渐缺失。因此，胡塞尔认为欧洲实证主义思潮导致了欧洲哲学、科学和人性的危机，欧洲科学危机的表现为科学数学化和理念化使得科学理论的本身原初意义被遮蔽，③ 自然科学与普遍哲学分离并以和生命现实不符的公式来描述外部世界，使生活世界和人的生存的独特性被消除。因此，欧洲科学的危机不仅是科学性的危机，而且是科学对生活的重大意义之危机。④ 危机的实质是受到了错误的哲学观念的指导，即实证主义、怀疑论、非理性主义等错误的哲学思潮取代了欧洲传统的理性主义精神，导致哲学中理性因素缺失且无法引领科学前进。胡塞尔认为生活世界是科学产生的前提和基础，因此，想解决危机就要向生活世界回归，在生活世界中人的主体地位和独立性再次得到确立，科学的理性因素得以恢复。⑤ 他提出要重新确立理性主义哲学在科学中的指导地位，恢复哲学的形而上的统领作用，恢复哲学作为第一科学，即建立新的、绝对严格和真的科学——现象学，通过现象学来为自然科学提供基础，以解决危机。

通过回顾胡塞尔前期和后期的科学哲学思想，显然可知，胡塞尔终其一生都没有放弃对科学的本质进行思考，他对自然科学的论断密布在他的大部分著作和手稿中，可以说他的现象学研究与他对自然科学本质的分析是同步的。

## 五、当下研究胡塞尔现象学科学哲学的意义

胡塞尔的现象学科学哲学对科学本质的认识有助于预测现今科学技术发展的趋

---

① 参见胡塞尔：《欧洲科学危机和超验现象学》，张庆熊译，上海：上海译文出版社，2005年版，第77页。
② 胡塞尔认为，"它是通过对事实的经验材料的归纳而获得的'后天的知识'"。参见胡塞尔：《欧洲科学危机和超验现象学》，张庆熊译，上海：上海译文出版社，2005年版，第69页。
③ 参见D'Amico, R., "Husserl on the Foundational Structures of Natural and Cultural Sciences", *Philosophy and Phenomenological Research*, Vol.42, 1981, pp. 5-22, here pp. 5-6.
④ 参见Heffernan, G., "The Concept of Krisis in Husserl's The Crisis of the European Sciences and Transcendental Phenomenology", *Husserl Stud*, Vol.33, 2017, pp. 229-257, here p. 232, p. 254.
⑤ 参见Ruggerone, L., "Science and Life-World: Husserl, Schutz, Garfinkel", *Human Studies*, Vol.36, 2013, pp. 179-197, here p. 182.

向、评估现今科学技术的发展模式、推动科学技术平稳进步、促进科学共同体的互相协作（胡塞尔的主体间性思想）以及加强大众对科学技术观念的接受。此外，胡塞尔的现象学科学哲学带来的重要启示有：科学家、工程师进行科学技术研究应理解科学技术得以成长的基础、了解科学技术发展的历史、明白各个具体科学技术领域的界限，这也是进行科技创新的关键；科学技术的发展需要与人类社会的发展相适应，不能脱离最富原初元素的生活世界；各种科学共同体有巨大的组织协调与激励作用，团体力量能促进科学技术快速发展；科学技术观念的普及能推动社会发展；等等。特别是在当下，人工智能、信息科学、生物化学技术等的快速发展正在改变我们所处的生活世界，在此背景下，研究胡塞尔的科学哲学思想能为我们思考人类未来与科学技术发展的相关问题提供独特视角。

主题四

# 多维视角下的德国

# 致荷尔德林，"至""荷尔德林"

## ——20世纪初德语文学两大诗人荷尔德林与里尔克的邂逅和诗学渊源

**黄夏　深圳技术大学外国语学院德语系**

**内容提要**：汉语世界对德语诗人荷尔德林和里尔克可谓推崇备至，他们的作品随着20世纪世界文学的翻译风潮来到中国，无论在学术圈还是普通读者群里，至今仍然保持着居高不下的人气和影响力。伟大的诗人之间总有碰撞和共鸣，其实在20世纪初，随着荷尔德林在德语文学界的复兴，里尔克也曾经有过一段被荷尔德林的文学作品、尤其是其后期诗歌，深深打动的经历，他为此创作了诗歌《致荷尔德林》，并在与人往来的信件中反复提到荷尔德林及其作品对自己阅读和创作的深刻影响。这次文学史上的伟大邂逅，为我们展现了两位最出色的德语诗人的共通之处。本文通过翻译和分析《致荷尔德林》这首诗歌，选取《五首颂歌》《杜伊诺哀歌》的个别片段，来记录这两位诗人跨时代的碰撞。本文旨在溯其源头，梳理脉络，回答始终萦绕在荷尔德林和里尔克心头的关于"诗"与"思"的问题，以及诗人的历史责任的问题。

**关键词**：荷尔德林；里尔克；海林格拉特；《致荷尔德林》；《五首颂歌》；《杜伊诺哀歌》；诗人何为

## 一、结缘

荷尔德林（Friedrich Hölderlin, 1770—1843）与里尔克（Rainer Maria Rilke, 1875—1926）作为两大为汉语世界所熟知的德语诗人，一直在学术圈和读者群里享有盛誉。伟大的诗人之间总有碰撞和共鸣。作为海德格尔笔下"诗人的诗人（Dichter der Dichter）"，荷尔德林在20世纪的复兴，更是影响了一大批现当代诗人的阅读和创作，无数作者撰文致敬这位伟大的诗人。这股风潮甚至抵达了80年代的中国，催生出年轻诗人海子（1964—1989）致荷尔德林的组诗五首，和他那篇著名的文论《我热爱的诗人——荷尔德林》。本文记录的也是这样一种诗人间的邂逅，讲述了在20世纪初，第一次世界大战的开端，荷尔德林和里尔克如何进行了一场跨时空的对话。

　　里尔克与荷尔德林的结缘，还要追溯到1910年的秋天。当时他初来乍到慕尼黑，经由鲁道夫·卡斯纳（Rudolf Kassner，1873—1959）引荐，进入了一个对德国而言罕见的沙龙（Salon）聚会①。里尔克在这个沙龙里不仅结交了许多名震一时的文学创作者，也认识了沙龙女主人侄子——著名出版人、年仅22岁的诺伯特·冯·海林格拉特（Norbert von Hellingrath，1888—1916）。彼时，海林格拉特正在慕尼黑学习德语和希腊语文学，并以《荷尔德林的品达翻译》（*Pindarübertragungen von Hölderlin*）为题撰写了博士论文。相识之初，二人就决定前往巴黎，里尔克是因为要返回在法国的住处，而海林格拉特则是因为在巴黎高等师范学院（École normale supérieure）谋得了一份教职。但巴黎的岁月远非海林格拉特所设想，他时常感到孤独和不适应。出于照顾沙龙女主人侄子的想法，里尔克经常邀请他来做客，还让他在自己出游时使用家里的图书馆，海林格拉特在此期间也阅读了不少里尔克的作品，如《新诗》（*Neue Gedichte*）等等。

　　1911年4月，里尔克回到巴黎，再次见到了海林格拉特。出于翻译工作的需要，后者给他寄了由荷尔德林翻译和阐释的、古希腊抒情诗人品达（约前518—约前438）的残缺文稿（Pindarfragment），这是里尔克第一次获悉荷尔德林的姓名。7月，里尔克收到了海林格拉特的博士论文。毋庸置疑，海林格拉特是里尔克和荷尔德林之间最重要的中介角色。正是因为能与荷尔德林的研究者亲自交谈和交换意见，里尔克对荷尔德林产生了对其他作者难以产生的真实感和亲切感。据二人的往来信件所载，1912年到1914年期间，里尔克曾多次拜访海林格拉特在慕尼黑

---

① 由慕尼黑出版商Hugo Bruckmann（1863—1941）和他的妻子Elsa Bruckmann（1865—1946）组织，当时邀请了许多文艺界的名流，如Ludwig Klages（1872—1956），Alfred Schuler（1865—1923），Rudolf Kaßner, Karl Wolfskehl（1869—1948）等等，里尔克在沙龙上认识了很多对他以后的创作生涯极其重要的人物，如Kaßner。但此沙龙也与后来的纳粹政权和希特勒有着千丝万缕的联系。

的住处，并优先收到了他出版的历史批判（historisch-kritisch）性质的荷尔德林文集的第一部《早期诗歌》和第五部《翻译作品》。渐渐地，哪怕没有这位年轻朋友的引导，里尔克也可以自如地阅读和谈论荷尔德林了。据Benvenuta（Magda von Hattingberg, 1883—1959）①的日记所载，1914年4月至5月，做客杜伊诺城堡的里尔克已经无可救药地爱上了荷尔德林："我是从里尔克那里第一次知晓了荷尔德林，这位他深爱的诗人。里尔克朗读了《面包和葡萄酒》（Brot und Wein），还有一首特别美好的清晨诗歌（Morgengedicht）②。他将荷尔德林置于一切抒情诗人之上，这是理所当然的，假如人们有幸听到《莱茵河》（Der Rhein）或者《许佩里翁的命运之歌》（Hyperions Schicksalslied）。"③ "有时晚上他也给我们朗诵，荷尔德林总是出现其中（immer wieder Hölderlin）。"④ 同年7月24日，他写信给海林格拉特："在过去几个月的时间里我怀着特别的感动和投入（mit besonderer Bewegung und Hingabe）阅读了您的两部荷尔德林文集：他对我的影响（Einfluss）是巨大而慷慨的，只有那些精神最富有和内心最有力的人可以对我施加这样的影响。"⑤ 熟悉里尔克的研究者都知道，他非常谨慎看待文学中的"影响"问题，他曾说，"影响"这个术语太过流于表面，而对文艺作品的内在吸收和发扬光大，要远远胜于肤浅的外在模仿。⑥ 面对荷尔德林，里尔克似乎"放弃"了他之前的看法，这是处于创作成熟期的里尔克第一次使用"影响"一词来表达他对另外一位伟大诗人的崇敬之情。

还是在1914年7月，正在筹备出版第四部荷尔德林文集的海林格拉特给里尔克寄了一份新书样本，里面主要涵盖了荷尔德林的后期作品，包括一些当时还不为读者所知的珍贵文献。收到第四部文集的里尔克不仅仔细研读了荷尔德林的后期诗歌，而且如实记录了他的阅读体验。1914年8月，里尔克在这本文集最后的空白页里记录了他的创作《五首颂歌》（Fünf Gesänge），传递了他对当时狂热的战争氛围

---

① 奥地利钢琴家和作家，与里尔克多次通信，里尔克亲切地称她为"Benvenuta"（the welcome one，受欢迎的那一位）。
② 据Singer猜测，应该是诗歌"Des Morgens"。
③ Magda von Hattingberg, *Rilke und Benvenuta*, 2. Auflage, Wien: 1947, S. 183. 如无特殊标注，本文所有书信内容和文献引用均为笔者翻译。诗歌内容如有规范出版物，则引用其翻译，但也可能有部分修改，会在相应位置标明。如果没有特殊标注，则均为笔者翻译。
④ 同上，S. 202.
⑤ 24.07.1914 an Hellingrath, in Rainer Maria Rilke: *Gesammelte Briefe*, Band III, Leipzig, 1939, S. 396.
⑥ 详见 Herbert Singer, *Rilke und Hölderlin*, Köln: Böhlau, 1957, S. 2.

的担忧。最迟在1914年9月，里尔克就写下了一些《致荷尔德林》(*An Hölderlin*)的诗行，据学者Herbert Singer（1923—1970）猜测，可能直到10月里尔克才完成了整首诗歌的创作，并将其一起寄给了海林格拉特夫人。① 如果说《五首颂歌》无论在音调（Ton）、节奏（Rhythmus）还是语言风格（Diktion）上都借鉴了荷尔德林的作品，那么《致荷尔德林》这首诗作，则直接在标题上就可以让人看出里尔克和荷尔德林的这次邂逅对其诗歌创作的影响。

## 二、《致荷尔德林》

1914年10月26日，里尔克写信给海林格拉特夫人，阐述了他写《致荷尔德林》的始末："当我在伊神浩森（Irschenhausen）② 研读第四部荷尔德林文集时，于踱步中（im Gehen），在最后的空白页上写下了一些致荷尔德林的诗句，这些诗行让我联想起昨天在您那里度过的美好时光：回家后，我至少感觉到一种冲动，重新阅读那些我不再想起的笔记，受同一方向冲动的驱使，我将这些文稿附上给您，希望您能欣然笑纳。"③ 这是里尔克亲笔写下的见证，表明荷尔德林对他创作最直接的影响。

与前人的翻译④不同，笔者在这首诗歌的翻译过程中首先更为注重的是传达德语诗歌的结构、行与段的排布和用词顺序，让读者能在中文语境中体会到德语诗歌的语言特征，其次是力图较为准确地传达"时态"，即着重翻译里尔克在诗歌里明确区分的"过去时态"和"现在时态"，后文会有详细解释。以下为笔者翻译和整理的诗歌（中德对照）：

1. 翻译

An Hölderlin

致荷尔德林

Verweilung, auch am Vertrautesten nicht,

---

① Herbert Singer, *Rilke und Hölderlin*, Köln: Böhlau, 1957, S. 42.
② 指1914年8月底至9月，Irschenhausen位于德国巴伐利亚。
③ 26.10.1914 an Frau v. Hellingrath, in Rainer Maria Rilke: *Gesammelte Briefe*, Band IV, Leipzig, 1939, S. 22.
④ 参见里尔克译者、里尔克中文网站创始人Dasha（陈宁，1970—2012）于2011年9月在豆瓣主页的翻译。https://www.douban.com/note/173747838/。

停留，哪怕在最熟知的面前也拒绝，
ist uns gegeben; aus den erfüllten
我们如是命定；从那充盈的
Bildern stürzt der Geist zu plötzlich zu füllenden; Seeen
图像中，魂灵突然跌落至尚待填充的；诸湖
sind erst im Ewigen. Hier ist Fallen
直到此时才处于永恒。此处，坠落是
das Tüchtigste. Aus dem gekonnten Gefühl
最为娴熟的。从那可掌控的感觉里
überfallen hinab ins geahndete, weiter.
堕入被惩罚的，一路持续。

Dir, du Herrlicher, war, dir war, du Beschwörer, ein ganzes
对你而言，你这壮丽者，曾经，曾经对你而言，你这起誓者，你的一整个
Leben das dringende Bild, wenn du es aussprachst,
人生就是一幅湍急的图画，当你开口颂说，
die Zeile schloss sich wie Schicksal, ein Tod war
诗行们自成一体如同命运，死本身也曾藏身于
selbst in der lindesten, und du betratest ihn; aber
那最可意温柔的，而你曾进入它；只是
der vorgehende Gott führte dich drüben hervor.
那行前的神将你带入祂境。

O du wandelnder Geist, du wandelndster! Wie sie doch alle
欧，你这漫游的魂灵，你这漫游最广的！它们如何还全体
wohnen im warmen Gedicht, häuslich, und lang
居住于温暖的诗歌之中，如家般地，并长久地
bleiben im schmalen Vergleich. Teilnehmende. Du nur
处在狭长的比较里。参与者。你只是
ziehst wie der Mond. Und unten hellt und verdunkelt

穿过如同月亮。而下方闪亮又晦暗的
deine nächtliche sich, die heilig erschrockene Landschaft,
是你夜的化身,是崇高又惊恐的风景,
die du in Abschieden fühlst. Keiner
是你在离别时感知的。无人曾

gab sie erhabener hin, gab sie ans Ganze
将它们献祭至更崇高处,归还至更完整
heiler zurück, unbedürftiger. So auch
疗人物,别无所求。所以
spieltest du heilig durch nicht mehr gerechnete Jahre
你也游戏着度过了那些不可再计算的年月
mit dem unendlichen Glück, als wär es nicht innen, läge
与那无尽的幸运,仿若它不在其中,仿若它从不围绕
keinem gehörend im sanften
任何人
Rasen der Erde umher, von göttlichen Kindern verlassen.
在那土地的温柔草丛中,被神的孩子遗弃。
Ach, was die Höchsten begehren, du legtest es wunschlos
啊,那最高者追逐的,你却无欲无求建造着
Baustein auf Baustein: es stand. Doch selber sein Umsturz
块砖层叠块砖:它曾立于天地。就算它自身的覆灭
irrte dich nicht.
也不曾使你疑惑。

Was, da ein solcher, Ewiger, war, misstraun wir
是什么,这样一位,永恒者,存在过,让我们误以为
Immer dem Irdischen noch? Statt am Vorläufigen ernst
还是尘世间的发生?取而代之却在转瞬即逝里严肃
die Gefühle zu lernen für welche

习得感觉为哪种

Neigung, künftig im Raum?

倾向，于未来空间里？①

**2. 阐释**

诗作标题"致荷尔德林"使用了诗歌创作中常见的一种修辞：顿呼（Apostrophe），即将诗歌言说对象转移到特定人物上——突出了言者的"抽身"（Abwendung）和对颂者的"献身"（Zuwendung），直接分出了"在场"与"不在场"两个场域。从修辞学的角度来看，这也是诗人们常用的一种制造神性氛围的手段。学者 Rainer Nägele（1943—）在《可感知性的转变》(Wendungen der Fühlbarkeit) 一文中提出，这里的"抽身"与"献身"不仅强调了从自身的语言挣脱而去往他者语言的变化，恐怕还有一层历史的含义：即从当前战争的迷雾里抽身，在文字创作中重建历史。这绝非从史实中逃离，而是给予战争狂热的另一面——怀疑和诧异——以空间，在此空间里"历史性的"（das Geschichtliche）才脱离随机历史事件的盲目性，真正得以发生。②

诗歌一开始就写道：Verweilung, auch am Vertrauesten nicht / ist uns gegeben。这里很容易让人联想到里尔克1912年就完成的第一首哀歌里（Die erste Elegie）的诗句："Denn Bleiben ist nirgends."（"因为哪里都待不住。"）③里尔克在此书写了他最深刻的体验，即无论在艺术还是生活领域，没有一处可停留，就算是最熟知的人或事物也无法再给我们支撑和安全感。而人类生存的无休止（Ruhelosigkeit）现状正好可以用fallen这个动词来形容，如荷尔德林在《许佩里翁的命运之歌》(Hyperions Schicksalslied) 里说道："Es schwinden, es fallen / Die leidenden Menschen / Blindlings von einer / Stunde zur andern, / Wie Wasser von Klippe / Zu Klippe geworfen, / Jahr lang ins Ungewisse hinab."（"消逝，坠落/承受苦痛的人们/盲目地从一个时刻/去往另

---

① 德语原文出自：Wolfram Groddeck (Hrsg.), *Gedichte von Rainer Maria Rilke*, Stuttgart: Reclam, 2012. SS.133-134.
② Rainer Nägele, Wendungen der Fühlbarkeit, in Wolfram Groddeck (Hrsg.): *Gedichte von Rainer Maria Rilke*, Stuttgart: Reclam, 2012, SS. 135-136.
③ 里尔克：《里尔克〈杜伊诺哀歌〉述评 文本·翻译·注释·评论》，刘皓明（译·著），上海：上海文艺出版社，2017年版，第8-9页。

一个，/如水流从礁石/抛掷到礁石，/经年不知坠往何处。")① 只有在那些一闪而过的瞬间才见"圆满"和"充盈"。与自成一体，永恒的"诸湖"形成鲜明对照的，是人类生活转瞬即逝的不确定性。对生活的"掌控感"已然不可能，唯有"坠落"才是最为娴熟的技艺。在另一首诗作里，里尔克曾经写下这样的词句：

> Gekonnt hats keiner; denn das Leben währt,
> 没人能做到，因为生活在延续，
> weils keiner konnte. Aber der Versuche
> 因为没人能做到。但尝试
> Unendlichkeit. ...
> 无穷尽。……
> weils keiner meistert, bleibt das Leben rein.
> 因为没人能掌控，生活才保持了纯净。②

但正是生活的那种不确定性，才让诗意的存在成为可能。命运的"坠落"（fallen）是常常出现在里尔克作品中的母题，马尔特（Malte）的命运便是如此。里尔克非常喜爱荷尔德林的《命运之歌》，常常当众朗诵，水流"从礁石到礁石"，疾速地跌落（stürzen），诗句与荷尔德林的作品互为映照，融为一体。而"stürzt"这个动词强调的又不是平缓的流动，而是"跌落"，急促的"跌落"，就算在最熟知的人和事物面前，人们也拒绝停留。人类被盲目驱赶着，从此刻前往彼刻，如同水流在礁石与礁石间拍打，经年不知去往何处。与上者（droben）"漫游"（wandeln）相对比，下者（unten）急速"坠落"（fallen）。而诸湖直到此刻才处于永恒。

Singer认为，第二小节的核心思想是"语词中的死亡"（Tod im Wort）。"语词现在被荷尔德林运用成为某些异质和危险的东西，但伴随着力量和史无前例的、对此危险的轻视。"③ 里尔克虽然截取了荷尔德林诗行里蕴藏的对死亡和命运的描写，

---

① Jochen Schmidt (Hrsg.) in Zusammenarbeit mit Katharina Grätz, Friedrich Hölderlin, *Hyperion. Empedokles. Aufsätze. Übersetzungen*, Frankfurt am Main: Deutscher Klassiker Verlag, 2008, SS. 157-158.
② Rainer Maria Rilke, *Aus Rainer Maria Rilkes Nachlass, 1.-4. Folge*, Wiesbaden: Insel-Verlag, 1950, 1. Folge, Aus dem Nachlass des Grafen C.W., S. 30.
③ Wilhelm Michel, *Friedrich Hölderlin*, München: R. Piper&Co, 1912, S. 23.

但他并不觉得自己可以像荷尔德林那样,能以一种主人的姿态自由掌控语词和字母,而是更谦卑地以诗歌的仆人自居。他赞颂了荷尔德林的诗行如命运自成一体,死亡潜藏其中。在此还巧妙使用了一个德语谐音——lindesten 既可表示"最可意温柔的",又可表达是"最荷尔德林的(示意荷尔德林名字的后三位:Hölderlin)"。而曾经进入到死亡的诗人,也终将被那"行前的神"——他自身的运命或是致命的灵感——引领着离开尘世。

Nägele 认为,诗歌第三小节第一行中的 sie 意指"现代人","他们"仅仅是参与者(Teilnehmende),想在熟悉的事物里做巢,而无法接近完整。现代诗学的总体趋势是将熟悉的人、事、物陌生化,因而这里隐含了对现代人的消极评价。笔者在此却有不同的见解,主要是对 sie 这个主语有着不同的解读。相较于理解为"人",本文更倾向于把这个 sie 理解为"自然诸元素",翻译在此也有所体现,这种理解与下文出现的"风景"(Landschaft)衔接也更为合理。自然诸元素仍然如在家中一般处于诗歌原初的状态,即它们对人为的人与自然的对立一无所知,它们仍然静默指涉着整体,而现在却常常被理解为"狭隘的比喻物",被迫成为"参与者"。同时,它们等待着"诗人"为其重新命名,于是在诗人的建造中成为"参与者"。在后来完成的《杜伊诺哀歌》里,里尔克更是直接指出了语言比喻(sprachliche Metaphorik)的危害:"Ach, wen vermögen / wir denn zu brauchen? Engel nicht, Menschen nicht, / und die findigen Tiere merken es schon, / dass wir nicht sehr verlässlich zu Haus sind / in der gedeuteten Welt."("啊,我们又能/用得上谁?天使不成,人不成,/而狡黠的动物已经察觉,/在这个被指定了意义的世界里我们/住得并不很放松。")[4]于是里尔克写下:"Keiner / gab sie erhabener hin, gab sie ans Ganze / heiler zurück, unbedürftiger。没有人比荷尔德林更知道如何将自然诸元素归位于天地,无欲无求的献祭归还于整体。在诗歌《莱茵河》(*Der Rhein*)中,荷尔德林写道:

Es haben aber an eigner
可是在他们自己的

---

[4] 里尔克:《里尔克〈杜伊诺哀歌〉述评 文本·翻译·注释·评论。》,刘皓明译著,上海:上海文艺出版社,2017年版,第14-15页。

Unsterblichkeit die Götter genug, und bedürfen

不死性上诸神拥有足够，而且但凡

Die Himmlischen eines Dings,

天上的需求一物，

So sinds Heroen und Menschen

也就不出是英雄，人

Und Sterbliche sonst. Denn weil

和别的必死者。因为既然

Die Seeligsten nichts fühlen von selbst,

那些最有福的什么也感觉不到自己，

Muss wohl, wenn solches zu sagen

那么一定，假如允许

Erlaubt ist, in der Götter Nahmen

这么说，有位他者在诸神的

Theilnehmend fühlen ein Andrer,

名中有份的感觉着，

Den brauchen sie;

他为他们需要；①

诸神无声无感，诗人便为他们所需要，成为传"颂"者（Vermittler）。尽管目前学界对里尔克是否有历史哲学的意识仍有争议，他对"诗人"角色的理解也有异于荷尔德林，可能更接近他笔下的"天使"（Engel）。但笔者坚持，这种争议在讨论里尔克和荷尔德林笔下"诗人何为"的现代议题上并不会产生颠覆性的结论。而Nägele认为，在里尔克的诗歌里，荷尔德林并不是作为一个诗人被唤起，"荷尔德林"更多的是文字的一种"面容"（Züge der Schrift），是荷尔德林式的语言。Wie der Mond中的"月亮"也并不是一般自然诗歌里的意象，而是源自荷尔德林《面包和葡萄酒》中的诗行：

---

① 荷尔德林:《荷尔德林后期诗歌（文本卷 德汉对照）》，刘皓明译，上海：华东师范大学出版社，2009年版，第191页。

Sieh! und das Schattenblid unserer Erde, der Mond

看哪！我们地球的那个影像，月亮，

Kommet geheim nun auch; die Schwärmerische, die Nacht kommt,

现在也秘现；那令人心狂的，黑夜来临，

Voll mit Sternen und wohl wenig bekümmert um uns,

满空星斗于我们全然不甚关怀，

Glänzt die Erstaunende dort, die Fremdlingin unter den Menschen

那里辉耀着那骇人的，那人间的异客

Über Gebirgeshöhn traurig und prächtig herauf.

哀愁而辉煌，在群山的巅峰之上。①

  诗人作为诸神的传"颂"者，如月亮穿过黑夜，"于我们全然不甚关怀"。那些崇高的风景惊恐于他的离开，从此进入失语的静默，一如诗人离别时已经感知的那样。里尔克紧接着写"你也游戏着度过了那些不可再计算的年月"，他显然深受海林格拉特和其他研究者的影响，认为"荷尔德林在最后36年的疯狂岁月已经趋于平静，几近满足，成为未来世界的引领人"。② 对里尔克而言，癫狂的荷尔德林也许已经成为了诗意存在的最终象征，他抵达了最孤独的境域，自成一体，逃离了时间和命运，不管是人类世界的失望、困惑、无助还是希望，都不能再打扰他。他曾无欲无求用语词建造着，哪怕倾覆也无法再使他困惑。

  里尔克与荷尔德林的相遇绝非偶然：荷尔德林对里尔克诗歌语言的深刻影响可以追溯到他在创作小说《马尔特手记》时遭遇的精神危机。1910年完成小说之后，里尔克陷入了将近十年的沉寂。可以肯定的是，不仅是动荡不安的生活际遇客观上造成了诗人的创作瓶颈，更重要的是小说创作背后已凸显的语言危机使得他不得不停下脚步。里尔克和荷尔德林的创作生涯有明显的共通之处：二人都在自己的散文小说《马尔特手记》(*Die Aufzeichnungen des Malte Laurids Brigge*)、《许佩里翁或

---

① 荷尔德林：《荷尔德林后期诗歌（文本卷 德汉对照）》，刘皓明译，上海：华东师范大学出版社，2009年，第191页。

② Norbert von Hellingrath, *Hölderlin-Vermächtnis*, herausgegeben von L. v. Piegnot, 2. Auflage, München, 1944, S. 181.

者希腊的隐士》(*Hyperion oder Der Eremit in Griechenland*)之后创作了足以传世的后期诗歌。而两部小说的语言都在某种程度上带着诗歌的韵味。毋宁说，荷尔德林给现代诗人开辟了一条可模仿的创作道路：散文语言向抒情诗歌语言的转变，正如《许佩里翁》以诗歌性的语言促成了荷尔德林的后期诗歌创作，《马尔特手记》也启发了里尔克对诗歌语言的进一步探究。尽管小说的"诗歌性"会在一定程度上降低可读性，但作者对严肃文学的创作正体现在这种对语言的极致追求里。当然，里尔克与荷尔德林的相似还不仅仅体现在小说语言由"散文式（prosaisch）"转向"诗歌式（lyrisch）"这种语言风格上，更体现在双方都对语言付出了献祭般的努力，即几乎放弃了自身的语言：在放弃中重建自身的语言。二者所做的努力也许不同，荷尔德林更激进一些，而里尔克显得更为保守，但荷尔德林式的节奏与语言风格已经对他的创作产生了深远的影响，《致荷尔德林》为其一，《杜伊诺哀歌》(*Duineser Elegien*)为其二。

在一封1914年7月29日写给海林格拉特的信中，里尔克如实记录了荷尔德林诗歌对他的影响："我无法向您形容，这些诗歌对我产生的影响以及其传递出来的无法言说的熟悉感。就像那些不可描述的表情组成了一个人的脸，这些诗歌中的每一首，澄澈交织成了他内心深处最纯粹的面容、额头、嘴唇。"[1]

Nägele指出，里尔克借此又使用了另一种修辞手法，即拟人化（Prosopopöia）：通过赋予不存在的人物以面孔来进行对话。他认为，在《致荷尔德林》这首诗里，不管是荷尔德林本人还是他的作品，都不是以一种实际存在的方式发声，尽管出现了"你这壮丽者""你这起誓者"，但后文却强调是"魂灵"，一种无实体的存在，只在不断的顿呼中显现，由此更强调了一种"不存在"（Nichtmehrsein）及"不在场"（Abwesenheit）。[2] 诗歌中重复出现的系动词过去式war就是明证，如第二小节：Dir, Du Herrlicher, war, dir war, du Beschwörer，以及最后一小节：Was, da ein solcher, Ewiger, war。

最后我们重新回到标题"An Hölderlin"，可以发现，此标题除了有"致荷尔德林"这个表层意思之外，更有"至""荷尔德林"这层隐形的含义。从一开始，里

---

[1] Herbert Singer, *Rilke und Hölderlin*, Köln: Böhlau, 1957, S. 33.
[2] Rainer Nägele, Wendungen der Fühlbarkeit, in Wolfram Groddeck (Hrsg.): *Gedichte von Rainer Maria Rilke*, Stuttgart: Reclam, 2012, S. 137.

尔克就明确了要延续或者接近荷尔德林诗歌的语言风格，直接证据是这首诗歌的前六行写在了第四部荷尔德林文集的空白页里。诗歌起始句Verweilung, auch am Vertrautesten nicht, / ist uns gegeben更可以看作是对荷尔德林《许佩里翁的命运之歌》的直接致敬：Doch uns ist gegeben, / auf keiner Stätte zu ruhn。

据Nägele考察，在里尔克的诗歌创作中，an这个介词有着特殊的含义。在几乎与《致荷尔德林》同时创作的另一首诗里：O Haus, o Wiesenhang, o Abendlicht, / auf einmal bringst du's beinah zum Gesicht / und stehst an uns, unarmend und unarmt.① 这个an从顿呼和拟人的修辞手法里溢出，转变成"接近""挨着"的含义，即an-uns-stehen。然而不管如何接近，仍有空隙，即为an。根据格林兄弟编撰的《德语词典》的权威解释，an与in保持着距离，描述的是表层，里与外的边界或分界线，即间隔或间隙。② 在世界中心空间（Weltinnenraum）仍然有不可知在间隙里徘徊，反抗着人们的日常感知和所谓的"习以为常"。同时，an也是里尔克面对德语诗坛巅峰诗人荷尔德林时持有的一种谦逊态度，他不认为自己的诗歌创作可以达到荷尔德林的水平，但是又自愿在他的激励下不断朝其靠近。

在《马尔特手记》中里尔克写下那句著名断言："Denn Verse sind nicht, wie die Leute meinen, Gefühle, die hat man früh genug."③（"因为诗歌并不是，像人们惯常以为的那样，仅仅是感觉，那些人们很早就有了。"），直接驳斥了抒情诗只是充斥着热情洋溢的情感的文学体裁的看法。相反，诗歌在感觉（Gefühl）和知觉（Gedenken）间做巢，它不再让人在其中得以安稳居住，而是与感觉和知觉的裂缝比邻而居（anwohnen）。Aus den erfüllten / Bildern stürzt der Geist zu plötzlich zu füllenden; Seeen / sind erst im Ewigen. 魂灵不再稳稳居于图像中，它从充盈的图像跌落至待填充的，从一个图像游走至另一个图像。正如我们的思维和语言，必须脱离僵化的理解，在那流动性（Bewegung）里我们才能既体验着"诗"，又摩挲着"思"。

在荷尔德林和里尔克看来，诗歌创作始终要求一定程度上的技能，某种手工艺人的品质，就像里尔克从雕刻大师罗丹那里学到的珍贵品质：工作（Arbeit）和

---

① Dietrich Bode (Hrsg.): *Gedichte*, Auswahl und Nachwort von Dietrich Bode, Stuttgart: Reclam, 1997, S. 243.
② Jacob und Wilhelm Grimm, *Deutsches Wörterbuch*, Band 1, Nachdruck, München: Deutscher Taschenbuch Verlag, 1984, S. 284.
③ Rainer Maria Rilke, *Gesammelte Werke*, herausgegeben von Annemarie Post-Martens und Gunter Martens, Stuttgart: Reclam, Philipp, jun. GmbH, Verlag, 2015, S. 522.

耐心（Geduld）。而这种技艺的最高境界不在于将一切意象凝固，而是放心让其"坠落"以抵达不确定性：Hier ist Fallen / das Tüchtigste. Aus dem gekonnten Gefühl / überfallen hinab ins geahndete, weiter. 诗人们要能将娴熟的技艺转化为流动的歌，而不是将一个个语词固定在约定俗成的修辞里或者可重复引用的意象里。而艺术的最高境界是"能够"彻底放下"能够"（Können）。

"师法品达的荷尔德林认为，诗的生发过程可以描述为统一自足的灵（Geist）走出自己，同材（Stoff）相接触，构成种种永不停歇的变换关系的过程；不同类别的变换关系彼此形成对立系统，这些系统最后产生静止的点（Ruhepunkt）和契机时刻（Moment），这样的点和时刻，就是诗写作和实在化的时刻。荷尔德林把这个过程称作'诗的灵的演进方式'（die Verfahrungsweise des poetischen Geistes）。"[①]

这也正是里尔克想要表达的，"诸湖此时才处于永恒"。但相较于荷尔德林在长诗《纪念》（Andenken）里乐观地写下结句："Was bleibet aber stiften die Dichter."[②]（"留下的，则由诗人们成就。"[③]），现代诗人里尔克则显得保守许多。在诗歌最后一小节里，他肯定了曾有一位永恒者降临过人世，在谈及这位永恒者时，里尔克多使用过去时态，凸显了"不在场"及"不再存在"的意味。war和Ewiger更是构成了矛盾修辞法（Oxymoron），表现了语言建构"不可能"的功能。他谈及"习得感觉"，借以表达："诗才是最高、最终的表达，但不是再现某个已成熟的思想，而是再现某种情绪。"[④]在诗句的结尾，他认为，将来人们只能在受时空限制的人或事物里，体会一触即逝的"永恒"和"完满"。

### 三、《五首颂歌》《杜伊诺哀歌》和后期诗歌语言风格

除《致荷尔德林》外，我们也可以简略谈谈其他作品中荷尔德林对里尔克的影响。比如，里尔克于1914年8月在慕尼黑写下的《五首颂歌》，无论在语言风格还是思想深度上，同样证明了荷尔德林后期诗歌作品对他的深刻影响。这份在《荷尔

---

① 荷尔德林：《荷尔德林后期诗歌（文本卷 德汉对照）》，刘皓明译，上海：华东师范大学出版社，2009年版，第5页。
② Jochen Schmidt (Hrsg.) in Zusammenarbeit mit Katharina Grätz, Friedrich Hölderlin, *Sämtliche Gedichte*, Frankfurt am Main: Deutscher Klassiker Verlag, 2008, S. 362.
③ 同注②，第461页。
④ 格奥格：《印象主义、象征主义、青年风格诗文选》，第130页。引用自：刘小枫：《诗化哲学》，上海：华东师范大学出版社，2007年，第240页。

德林全集》第四卷书末空白页记录的组诗草稿,后来被发表在1915年《战争年鉴》(Kriegs-Almanach)上。组诗不仅仅从实证科学的角度证明了里尔克与荷尔德林在20世纪初跨时代的文本相遇,更提醒研究者和读者,是"战争"这个关键词将两大德语诗人紧紧相连。在随诗作附上的信件里,里尔克写道:"这些诗歌和诺伯特①给我们朗诵的那些片段,至今还笼罩在我的上方,荷尔德林的语言如星状高远地在场(sternhaft hohe Gegenwart)。在回家的路上我阅读了米歇尔②的书,惊叹不已,常常赞扬。"③"阅读荷尔德林文集现在变成了我的享受,这些诗行得以存在真是太美好了,它们穿过最令人恐惧的灌木丛(das bangste Dickicht)直触人心。《许佩里翁》我也在全身心地阅读,难道他不是充满了我们命定的那些共鸣,难道他不是从一开始就超越了那些而一往无前:在战争之上建造关于爱的纯粹的云(reine Wolke)。"④

荷尔德林在诗歌中表现的战争体验,与一战爆发的时机相连接,显然也成了里尔克写作的一部分:"Zum ersten Mal seh ich dich aufstehn / hörengesagter fernster unglaublicher Krieger-Gott."("第一次我看见你挺身站起,道听途说的、最为遥远的、不可置信的战争之神。")⑤组诗前两首是里尔克作品中少见的对战争之神的赞颂,他赞颂"炽燃的神"(der glühende Gott),"鏖战的神"(der Schlacht-Gott),"凶猛的神"⑥(der reißende Gott)。研究者指出,对现实历史事件的"神化"(Vergöttlichung)在里尔克作品中是极为罕见的,《五首颂歌》在此意义上更多的是荷尔德林式的(Hölderlinsch),而非里尔克式的(Rilkesch),如reißen这个动词就是荷尔德林最爱使用的词汇之一。⑦尽管里尔克也不免被大众的战争狂热所震撼和吸引,他却一如既往保持了一个孤独诗人的警觉,发出了疑问:

Dennoch, es heult bei Nacht wie die Sirenen der Schiffe
但依然,探问之物夜里长鸣在我的心中,就像

---

① 指海林格拉特。
② 指Wilhelm Michel(1877—1942)1912年在慕尼黑出版的专著《弗里德里希·荷尔德林》(Friedrich Hölderlin),海林格拉特对此书有极高的评价,认为它对荷尔德林研究有开创性的价值。
③ 26.10.1914 an Frau v. Hellingrath, in Rainer Maria Rilke: *Gesammelte Briefe*, Band IV, Leipzig, 1939, S. 22.
④ 29.08.1914 an Anna Freifrau v. Münchhausen, in Rainer Maria Rilke: *Gesammelte Briefe*, Band IV, Leipzig, 1939, S. 11.
⑤ 赖纳·马利亚·里尔克:《里尔克诗全集》,第8卷,陈宁译,北京:商务印书馆,2017年版,第874页。
⑥ 详见陈宁在《里尔克诗全集》第8卷的翻译。
⑦ Herbert Singer, *Rilke und Hölderlin*, Köln: Böhlau, 1957, S. 51.

in mir das Fragende, heult nach dem Weg, dem Weg.
舰船的汽笛一样，向着道路长鸣，向着道路。
Sieht ihn oben der Gott, hoch von der Schulter? Lodert
头上的神，高高地在肩头，看见那条道路了吗？
er als Leuchtturm hinaus einer ringenden Zukunft,
作为灯塔，从一个搏斗着的未来熊熊燃烧而出，
die uns lange gesucht? Ist er ein Wissender? Kann
那长久地找寻着我们的未来？他是知情者吗？他
er ein Wissender sein, dieser reißende Gott?
可能成为凶猛的神吗，这位凶猛的神？
Da er doch alles Gewusste zerstört. Das lange, das liebreich,
因为他竟毁坏了一切所知之物。那长久的，富于爱的
unser vertraulich Gewusstes. Nun liegen die Häuser
我们的亲密的所知之物。如今唯有房屋
nur noch wie Trümmer umher seines Tempels. Im Aufstehn
还处处皆是，如同他神庙的废墟。站起中
stieß er ihn höhnisch von sich und steht in die Himmel.
他嘲讽地将神庙撞离自己，站立在长天下。①

"仅在1914年8月的前三四天，我仿佛看见了一个怪异的神在升起，那之后视野中便只剩下一只怪物，但它拥有若干个头颅，若干只前爪，它有一个吞噬一切的躯体——三个月之后我看见了这个死灵——现在，已经过了多久，难道这不是一场人的沼泽中的邪恶蒸发（die böse Ausdünstung aus dem Menschensumpf）吗？它聚集堆积下沉，然后不断被携入者所吸入，更糟糕的是，继续蒸发！一直如此，究竟还要延续多久？"② 从赞颂的神到厌恶的怪物，不到三个月，里尔克便看穿了狂热（Rausch）背后的真相。正是荷尔德林星状高远的诗歌给了他支撑和力量："建

---

① 赖纳·马利亚·里尔克：《里尔克诗全集》，第8卷，陈宁译，北京：商务印书馆，2017年版，第877页。
② 15.10.1915 an Marianne v. Goldschmidt-Rothschild, in Friedrich Wilhelm Wodtke: *Rilke und Klopstock*, Diss, Kiel, 1948, S. 20.

造纯粹的云"。相比起战争的虚假、残忍和无序,艺术对里尔克而言才是永恒的。荷尔德林始终强调,诗人应为一个想象中的自由国度歌唱,而非受制于现实的边界:"Statt offener Gemeine sing' ich Gesang"("我咏詠歌而非公开的俗众"——《致地母》)。① 而里尔克写道:"aus dem gemeinsamen Herzen / schlägt das meine den Schlag, und der gemeinsame Mund / bricht den meinigen auf."("在共同的心脏里 / 我的心脏跳动着我的跳动,在共同的口中 / 猛然现出吾之口。"②)。跳脱出现实的战争狂热,诗人里尔克依然坚持作为个体的"人"(Mensch)是唯一的法度(Maß aller Dinge),不能为了所谓整体的利益而被牺牲。诗人的自觉让他赞颂和悲鸣(rühmen und klagen),也让他在语词里重建历史,唤醒人们新的世界和自我:

sie - , aus denen ihr ernst, wie aus Luft und aus Bergwerk,

他们——,你们真诚地出自他们,仿佛出自空气,仿佛出自矿山,

Atem und Erde gewannt. Denn zu begreifen,

你们赢得了呼吸与大地。因为在敬意中

denn zu lernen und vieles in Ehren

将众多之物、甚至陌生之物

innen zu halten, auch Fremdes, war euch gefühlter Beruf.

理解、学习、保持在心内,是你们感觉到的使命。

Nun seid ihr aufs Eigne wieder beschränkt. Doch größer

如今你们再次被限制在自我之上。但是自我

ist es geworden. Wenns auch nicht die Welt ist, bei weitem, -

已变得更大。即使它不是世界,绝对地,——

nehmt es wie Welt! Und gebrauchts wie den Spiegel,

接受它就像接受世界吧!使用它就像使用镜子,

welcher die Sonne umfasst und in sich die Sonne

那包围着阳光又在身内将阳光

---

① 荷尔德林:《荷尔德林后期诗歌(文本卷 德汉对照)》,刘皓明译,上海:华东师范大学出版社,2009年版,第152—153页。
② 赖纳·马利亚·里尔克:《里尔克诗全集》,第8卷,陈宁译,北京:商务印书馆,2017年版,第877页。

wider die Irrenden kehrt. (Euer eigenes Irrn

调转向迷路者的镜子。(你们自己的迷路

brenne im schmerzhaften auf, im schrecklichen Herzen.)

燃烧在痛楚的、令人惊恐的心脏里。)①

1914年8月29日致安娜·冯·明希豪森男爵夫人（Anna Freifrau v. Münchhausen）的信件中，里尔克说：“刚开始的那些日子的确将我的魂魄卷入种种宏大的、从众的洪流之中，并随之起伏。然后我思索着，作为一个无法言说的个体，用我那颗经年累月跳动至今的心（这是我无法舍弃的）不断思索着，以至于现在不得不承认，我非常难以在这条通往洪洪众人的曲线上去获取一个合理的、也许在某种程度上令人惊恐的位置。”② 在战争疑云里，诗人里尔克注定是孤独的，这种孤独也曾是荷尔德林的孤独。在《五首颂歌》里，里尔克第一次谈到了诗人的天命：赞颂，即，将时代的体验化作诗意的栖居，当然，这也是受到荷尔德林诗句的影响："Beruf ist mirs / zu rühmen Höhers"（"我的天命如是 / 赞颂更高者"③）。冯至也在《工作而等待》一文中赞颂了那些在黑暗战争岁月里默默耕耘的诗人们："正是这些不顾时代的艰虞，在幽暗处努力的人们。他们不是躲避现实，而是忍受着现实为将来工作，在混沌中他们是一些澄清的药粉，若是混沌能够过去，他们心血的结晶就会化为人间的福利。"④ 荷尔德林让里尔克真正感受到诗人的天命和职责，正如在《许佩里翁》一文中，迪欧提玛（Diotima）在战争中被赋予的职责："Die Priesterin darf aus dem Tempel nicht gehen. Du bewahrst die heilige Flamme, du bewahrst im Stillen das Schöne, dass ich es wiederfinde bei dir."⑤（"女祭司不能走出神殿。你守护神圣的火焰，你在静谧中守护美，直到我重新在你身边发现它。"）《五首颂歌》将历史和现实、集体神话和个人体

---

① 赖纳·马利亚·里尔克：《里尔克诗全集》，第8卷，陈宁译，北京：商务印书馆，2017年版，第880-881页。
② 29.08.1914 an Anna Freifrau v. Münchhausen, in Rainer Maria Rilke: *Gesammelte Briefe*, Band IV, Leipzig, 1939, S. 10.
③ Jochen Schmidt (Hrsg.) in Zusammenarbeit mit Katharina Grätz, Friedrich Hölderlin, *Sämtliche Gedichte*, Frankfurt am Main: Deutscher Klassiker Verlag, 2008, S. 227.
④ 冯至：《冯至全集：第四卷 冯至选集 立斜阳集》，石家庄：河北教育出版社，1999年，第99-100页。
⑤ Jochen Schmidt (Hrsg.) in Zusammenarbeit mit Katharina Grätz, *Friedrich Hölderlin: Hyperion. Empedokles. Aufsätze. Übersetzungen*, Frankfurt am Main: Deutscher Klassiker Verlag, 2008, S. 112.

验融为一体，这组写在《荷尔德林文集》第四卷文末空白页的诗歌，不仅记录了两位德语诗人奇异的相遇，也让他们共同的关于诗人天命的言说交相辉映，跃然纸上。

里尔克的研究者一再证明，他与荷尔德林在20世纪初的相遇决定了其后期诗歌作品的整体语言风格。其中，《杜伊诺哀歌》就是强有力的证据，比如，第六首哀歌（Die sechste Elegie）和第八首哀歌（Die achte Elegie）是德语文学研究者公认的、最具荷尔德林风格的作品。先简单谈谈第六首哀歌，这首1913年就已见雏形、1922年才正式归入哀歌的作品，据Singer分析，其中有三个关键母题（Motive）与荷尔德林后期诗歌息息相关：英雄与星宿（Held und Stern），英雄、雷雨和神祇（Held, Gewitter und Gott），母亲、河流和起源（Mutter, Strom und Ursprung）[①]：

Wunderlich nah ist der Held doch den jugendlich Toten. Dauern
神奇的是英雄接近早夭者。他
ficht ihn nicht an. Sein Aufgang ist Dasein; beständig
并不介意持存。他的上升就是此在；他
nimmt er sich fort und tritt ins veränderte Sternbild
不断地将自己移除，踏入自己持续的危险
seiner steten Gefahr. Dort fänden ihn wenige. Aber,
变了样的星座。那里少数人会找到他。然而，
das uns finster verschweigt, das plötzlich begeisterte Schicksal
对我们阴森缄默的，骤然精神振奋的命运
singt ihn hinein in den Sturm seiner aufrauschenden Welt.
歌唱着他，进入他陡然轰响着的世界的风暴。
Hör ich doch keinen wie ihn. Auf einmal durchgeht mich
愿我还不曾听到有谁像他。他被遮暗的声音
Mit der strömenden Luft sein verdunkelter Ton.
裹挟着奔涌的空气霎时间将我遍穿。[②]

---

[①] 参见 Herbert Singer, *Rilke und Hölderlin*, Köln: Böhlau, 1957, S. 61-66.
[②] 里尔克：《里尔克〈杜伊诺哀歌〉述评 文本·翻译·注释·评论。》，刘皓明译，上海：上海文艺出版社，2017年版，第50—51页。

第六首哀歌的主题是"英雄",因为英雄们注定早逝,所以他们与早夭者相似。"他们不在乎生命的绵久。寿终正寝的人会经历生命的上升期和衰落期,但是在早亡的英雄们那里,他们的生命只有上升,直到死亡,没有缓慢的衰落期。按照古希腊神话,英雄死后有些变成了星宿。"① 在这些诗行里能轻易地读到荷尔德林的痕迹,观察里尔克对荷尔德林后期诗歌作品如《面包和葡萄酒》②、《莱茵河》、《犹如在节日……》(Wie wenn am Feiertage...)和《拔摩岛》(Patmos)等诗歌的熟悉程度,不难发现,他借用了许多荷尔德林特有的英雄母题,如:"Biß daß Helden genug in der ehernen Wiege gewachsen, / Herzen an Kraft, wie sonst, ähnlich den Himmelischen sind. / Donnernd kommen sie drauf."("直到英雄们在铁摇篮里长得足够大,/ 心有力量,如以往,与天上的相似。/ 后来他们轰雷而来。"——《面包和葡萄酒》) 又如:"... die Wetter des Gottes rollten / Ferndonnernd über / die ahnenden Häupter, da, schwersinnend / Versammelt waren die Todeshelden."("……神的风飘在 / 远雷声中滚过 / 预感着的头上,那时,在沉重的潜思中,/ 汇集起死的英雄们。"——《拔摩岛》)③ 又比如:"Denn noch lebt Christus. / Es sind aber die Helden, seine Söhne / Gekommen all und heilige Schriften / Von ihm und den Blitz erklären / Die Thaten der Erde bis izt, / Ein Wettlauf unaufhaltsam."("因为基督犹生。/ 而英雄们,他的儿们/ 全都来了,还有写他的/诸圣书和地上的,/作为迄今晓明着那道闪电,/一场停不住的赛跑。"——《拔摩岛》)④ 但必须注意的是,里尔克的创作有一个基本的特点,即他极少直接取用前人诗歌意象的内涵以及其唤起的特定思维联想,可能是出于语言固化的恐惧,他总是只取意象的表象(Erscheinungen),并在自己的创作中赋予它新的外延和内涵。对他而言,世间万物均是他表达自身困顿的单词(Vokabeln seiner Not),所以一切都是"流动的图像"。比如,哀歌最后一小节里说,"O Mütter der Helden, o Ursprung reißender Ströme!"("哦英雄的母亲们,/哦激荡的川流的源头!")⑤——仅仅一句,便道出了荷尔德林后期诗歌里的三个主要意象:母

---

① 里尔克:《里尔克〈杜伊诺哀歌〉述评 文本·翻译·注释·评论。》,刘皓明译,上海:上海文艺出版社,2017年版,第264页。
② 荷尔德林:《荷尔德林后期诗歌(文本卷 德汉对照)》,刘皓明译,上海:华东师范大学出版社,2009年版,第62—63页。
③ 同上,第300—301页。
④ 同上,第288—289页。
⑤ 同①,第52—53页。

亲、河流和起源。但里尔克笔下的"母亲、河流和起源"未必是荷尔德林诗歌的简单复制，而是加入了很多现代生物学和心理学的元素。这是他创作的优点，当然，也是一大缺点。①

如果说在第六首哀歌里里尔克还只是沉迷于截取荷尔德林诗歌里的意象和母题来充实自己的写作，那么第八首哀歌他可以说是直接延用了荷尔德林"一和全"（Eins und Alles）的美学思想，写下了非常深刻的诗句。这首写于1922年2月份的哀歌，是整篇《杜伊诺哀歌》里提纲挈领的一首，它问询了人类的存在方式，将"人"（der Mensch）与"牲畜"（das Tier）的对立以前所未有的方式写了下来：

Mit allen Augen sieht die Kreatur
受造物所有的眼看到的都是
das Offene. Nur unsre Augen sind
空旷。唯独我们的眼
wie umgekehrt und ganz um sie gestellt
仿佛反过来，环绕它设置
als Fallen, rings um ihren freien Ausgang.
如同陷阱，在它通畅的出口周围。
Was draußen ist, wir wissens aus des Tiers
外部有什么，我们只能从牲畜的脸上
Antlitz allein; denn schon das frühe Kind
知道；因为幼小的孩子
wenden wir um und zwingens, daß es rückwärts
我们已经让他转向，强迫他倒着
Gestaltung sehe, nicht das Offne, das
看姿影，而不是那空旷，那种
im Tiergesicht so tief ist. Frei von Tod.

---

① 参见 Herbert Singer, *Rilke und Hölderlin*, Köln: Böhlau, 1957, S. 64-66. 之所以说是缺点，是因为这也是他经常受到评论者诟病的主要原因，即由于缺乏系统的哲学知识、古典文学知识和传统德语语文学知识，造成他的诗歌有时仅仅是图像和音节的堆砌，而无实质的思想深蕴和历史哲学的意识。

在牲畜目光里如此深刻的。自由于死亡之外。
Ihn sehen wir allein; das freie Tier
它只有我们看得见；对自由的牲畜，
hat seinen Untergang stets hinter sich
衰败永远在它身后
und vor sich Gott, und wenn es geht, so gehts
而它面前是神，它走动就走
in Ewigkeit, so wie die Brunnen gehen.
进永恒，就像泉的流淌一样。
Wir haben nie, nicht einen einzigen Tag,
我们从来没有，没有哪怕一天，
den reinen Raum vor uns, in den die Blumen
在我们面前有过纯粹的空间，花无尽地
unendlich aufgehn. Immer ist es Welt
绽放于其间。从来都是世界，
und niemals Nirgends ohne Nicht: das Reine,
从未有过没有无的无处：那纯粹的、
Unüberwachte, das man atmet und
不受监视的，人呼吸它、
unendlich weiß und nicht begehrt. Als Kind
无穷地知道却不要它。孩提时
verliert sich eins im Stilln an dies und wird
在寂静中沉迷于此而受到
gerüttelt. Oder jener stirbt und ists.
震撼。或者他死去而是了它。
Denn nah am Tod sieht man den Tod nicht mehr
因为在死附近人就看不见死了，
und starrt hinaus, vielleicht mit großem Tierblick.
而是盯着远方，或许用广大的牲畜的目光。

Liebende, wäre nicht der andre, der
恋爱中的人，要不是另一个人在，挡住了
die Sicht verstellt, sind nah daran und staunen ...
视线，离它是近的且惊异着……
Wie aus Versehn ist ihnen aufgetan
仿佛出于疏忽在另一个人身后
Hinter dem andern ... Aber über ihn
打开了……可是没人能
kommt keiner fort, und wieder wird ihm Welt.
迈过它而去，于是他又有了世界。
Der Schöpfung immer zugewendet, sehn
总是朝着创世，我们
wir nur auf ihr die Spiegelung des Frein,
在它上面只看见自由的镜像，
von uns verdunkelt. Oder daß ein Tier,
给我们弄晦暗了。或者看见一头牲畜，
ein stummes, aufschaut, ruhig durch uns durch.
默哑着，抬起眼，安详地透视我们。
Dieses heißt Schicksal: gegenüber sein
这就叫宿命：相对而处
und nichts als das und immer gegenüber.
并且舍此无他，永远相对而处。[①]

　　第八首哀歌谈到了人类的"宿命"：永远与"世界"相对而处。虽然里尔克没有受过传统德语哲学和语文学的教育，对德国观念论（Deutscher Idealismus）和系统哲学术语并不像荷尔德林那样了然于胸，但他熟读荷尔德林的小说《许佩里翁》，

---

① 里尔克：《里尔克〈杜伊诺哀歌〉述评 文本·翻译·注释·评论。》，刘皓明译，上海：上海文艺出版社，2017年，第62—65页。部分修改，如"畜生"改为"牲畜"。"恋爱中的女子"改为"恋爱中的人"，往后四行，均为笔者修改。

对其核心思想不会陌生:"灵魂的完整统一,我们的存在(Seyn),在这个词的本义里早已丧失。但我们想要追求、真正获取它们,就必须首先学会失去。从宁静的世界'一和全'出发,通过自身重新去获得。我们已与自然一道没落,从前人们相信的,那些和谐统一,现在正面临巨大冲突。"①但在荷尔德林眼里,孩子仍然处于太初的安宁之中,因为法则和命运的胁迫还没有触碰他们。(他们是永远不死的,因为他们对死本身一无所知。"Das Urbild aller Einigkeit, das wir im Geiste bewahren, es scheint uns wieder in den friedlichen Bewegungen unsres Herzens, es stellt sich im Angesichte dieses Kindes dar."②("我们魂灵中保存的所有统一的原始图像,再次出现在我们心的祥和流动中,它展现在孩童的面容中。")直到"觉知"(Bewusstsein)将他们与自然完全分裂。但里尔克比荷尔德林更进一步地感知到人的撕裂,连孩童也难以幸免:"我们已经让他转向,强迫他倒着看姿影,而不是那空旷"。"当这个美丽的世界向我们展开,我们便到达觉知,从此我们就是有限的。现在我们深深感受到存在的限制,受限的力量不断地想要挣脱束缚,但我们身上的某些东西,却还握持着这些束缚。"③世界(Welt)随着觉知而到来,从此人便"舍此无他,永远相对而处",命运(Schicksal)如是。在荷尔德林的时代,当他写下《许佩里翁》时,他还怀抱光明的希望:"Wie der Zwist der Liebenden, sind die Dissonanzen der Welt. Versöhnung ist mitten im Streit und alles Getrennte, findet sich wieder."("世界的不和谐音犹如情人间的争吵,只有在争论和分裂里,和解才能重获自身。")诗作《人》(Der Mensch)更是清晰地区分了人和牲畜的区别,突出强调了"人的价值":

... ihn scheun

他为

Die Tiere, denn ein anderer ist, wie sie,

牲畜所忌惮,因为他是另外一种生物,与它们相比,

Der Mensch; nicht dir und nicht dem Vater

---

① Jochen Schmidt (Hrsg.) in Zusammenarbeit mit Katharina Grätz, Friedrich Hölderlin, *Hyperion. Empedokles. Aufsätze. Übersetzungen*, Frankfurt am Main: Deutscher Klassiker Verlag, 2008, S. 256.
② 同上,S. 207.
③ 同上,S. 208.

人：不是你也不是父亲

Gleicht er, denn kühn ist in ihm und einzig

等同于他，因为沉静在他，只有

Des Vaters hohe Seele mit deiner Lust,

父亲的崇高灵魂和你的欲求，

O Erd! und deiner Trauer von je vereint;

欧大地！还有你自古的悲伤一起；

Der Göttermutter, der Natur, der

神的母亲，自然，

Allesumfassenden möchte er gleichen!

一切的持有者让他想要等同！

...

Ist er von allen Lebensgenossen nicht

难道他不是所有生命里

Der seligste? Doch tiefer und reißender

最神圣的那一个？但更深地、更为撕裂地

Ergreift das Schicksal, allausgleichend,

为命运所攫取，全面平衡地，

Auch die entzündbare Brunst dem Starken.

强者也如此，为炽热的动情。[1]

荷尔德林歌唱人的崇高价值，尽管生命如此短暂："Ach! Das Leben ist kurz, sehr kurz. Wir leben nur Augenblicke und sehn den Tod umher. Es gibt noch Augenblicke, wo es mich so weit über mich selbst erhebt, das herrliche Gefühl, der Mensch sei nicht fürs

---

[1] Jochen Schmidt (Hrsg.) in Zusammenarbeit mit Katharina Grätz, Friedrich Hölderlin, *Sämtliche Gedichte*, Frankfurt am Main: Deutscher Klassiker Verlag, 2008, S. 227.

einzelne geschaffen."①("啊！生命如此短暂，太短暂了。我们瞬生瞬死，看死亡在四周逼近。但还是在有些瞬间，有些东西远远超越了我自身，美好的感觉，人啊，不仅仅是为了那些琐碎而创造。")荷尔德林之伟大，在于他确立了诗歌语言和诗人的不可替代性，在于他预言般地感知到了随着工业社会持续发展、人类被单维的（eindimensional）启蒙理性赶出家园后从此无所归依的困境，他在18、19世纪的转折点上发出了"诗人何为"的天问，从西方两千年文明的系统哲学出发，厘清了诗人的历史责任。"人，诗意地栖居"（"Dichterisch wohnet der Mensch auf der Erde"）更是成为口口相传的名句。② 与其他受荷尔德林影响的现代诗人一样，里尔克深知诗歌的力量，它们与呼吸同在，与宇宙共鸣，是人类在无所归依时唯一的停泊处（Ankerplatz）。在《致俄耳甫斯的十四行诗》(Sonette an Orpheus）里，里尔克曾唱道：

ATMEN, du unsichtbares Gedicht!
呼吸，你这不可见的诗歌！
Immerfort um das eigne
总是围绕在自身
Sein rein eingetauschter Weltraum. Gegengewicht,
存在四周的纯粹交换的太空。平衡力，
in dem ich mich rhythmisch ereigne.
在其中我韵律地发生。③

或许人可以诗意地栖居，或许能在转瞬即逝里把握永恒，但里尔克无疑是悲观的，他对人类的前景并不抱有荷尔德林式的期望，相反，他表达了对以荷尔德林或者席勒为代表的、在德国观念论统携下的文学理念的怀疑，即对通过不断的意识

---

① Jochen Schmidt (Hrsg.) in Zusammenarbeit mit Katharina Grätz, Friedrich Hölderlin, *Hyperion. Empedokles. Aufsätze. Übersetzungen*, Frankfurt am Main: Deutscher Klassiker Verlag, 2008, S. 204.
② In lieblicher Bläue, in Jochen Schmidt (Hrsg.): *Friedrich Hölderlin, Sämtliche Gedichte*, Frankfurt am Main: Deutscher Klassiker Verlag, 2008, S. 479.
③ Rainer Maria Rilke, *Gesammelte Werke*, herausgegeben von Annemarie Post-Martens und Gunter Martens, Stuttgart: Reclam, Philipp, jun. GmbH, Verlag, 2015, S. 809.

进步(Bewusstseinsprogression)来重新到达和谐统一的历史阶段是否可能的怀疑。这种悲观,在荷尔德林的后期作品《恩培多克勒之死》(*Der Tod des Empedokles*)中已经初现端倪,而面对一个持续陷入战争、科技、无休止欲望的现代社会,里尔克和其他诗人显然已无力抵挡席卷而来的时代飓风,他悲伤地叹道:

Und wir: Zuschauer, immer, überall,
而我们:旁观者,永远,到处,
dem allen zugewandt und nie hinaus!
朝着万物却从不超越!
Uns überfüllts. Wir ordnens. Es zerfällt.
它充塞着我们。我们整理它。它分崩离析。
Wir ordnens wieder und zerfallen selbst.
我们再整理它,自己也分崩离析了。

Wer hat uns also umgedreht, dass wir,
是谁把我们这样扭转,使我们,
was wir auch tun, in jener Haltung sind
无论做什么,都带着一个
von einem, welcher fortgeht? Wie er auf
行将离去者的情态?正如他在
dem letzten Hügel, der ihm ganz sein Tal
那最末了儿的山坡,那个将其川谷
noch einmal zeigt, sich wendet, anhält, weilt—,
再一次完全展示给他的山坡,转身、驻足、逗留那样——,
so leben wir und nehmen immer Abschied.
我们就这样生活着并且总是在道别。[1]

---

[1] 里尔克:《里尔克〈杜伊诺哀歌〉述评 文本·翻译·注释·评论。》,刘皓明译,上海:上海文艺出版社,2017年,第68—69页。

里尔克说，"Wir haben nie, nicht einen einzigen Tag / den reinen Raum vor uns, in den die Blumen / unendlich aufgehn" "Liebende, wäre nicht der andre, der / die Sicht verstellt, sind nah daran und staunen ..."。"我们"从来没有一天处于纯粹的空间，在那里花无尽地绽放。而爱人们如若不是有另一个人挡住了视线，离它则是近的并且惊异着。这里化用了荷尔德林《莱茵河》里的诗句："Die Liebenden aber / sind, was sie waren, sie sind / zu Hause, wo die Blume sich freuet / unschädlicher Glut..."（"可是有爱的人们 / 一如既往，他们 / 家居，那儿花卉因 / 无害的余烬而喜……"）[1]而那个诗句结尾出现的"他"，让我们很容易想起里尔克写的《致荷尔德林》："die heilig erschrockene Landschaft / die du in Abschieden fühlst"，不得不让人怀疑诗人的笔下是同一个人。"他"或许是荷尔德林，或许是告别迪欧提玛和自然的许佩里翁："doch nahm ich einen Abschied um den andern von all den Jugendgespielen, den Hainen und Quellen und säuselnden Hügeln."（"但我准备逐一与所有少年时代的玩伴、树林、泉眼和风吹过的山坡告别。"）[2]或许"他"就是曾经完整的、与天地万物融为一体的人。但"我们"无疑已经与自然分裂，永远是"旁观者"、"行将离去者"、生活的"道别者"。从上述若干部分的分析，我们能明显感受到，与处在工业时代降临之初的荷尔德林相比，一个多世纪后的现代诗人里尔克显得更为悲观和阴郁，他的诗作明显沾染上了19世纪末20世纪初"颓废时代"（Dekadenz）的气息，深受变形艺术和象征主义（Symbolismus）的影响，少了属于荷尔德林诗作的明亮乐观和启蒙时代遗留的、对人的独特价值的推崇。比如，"孩童"在荷尔德林的作品里还从属完整的统一体，但在里尔克的认识里，儿童也已经被强行调转，只有自然界里无知无觉的"牲畜"，还直接感受着"空旷"（das Offene）。"人"则被宿命所束缚，永远与"世界"相对而处。

但里尔克毫无疑问承继了荷尔德林后期诗歌的语言风格。有研究者指出，荷尔德林的咏歌一个明显的风格变化趋势就是，越往后诗行乃至句子就越短，因而节奏

---

[1] 荷尔德林：《荷尔德林后期诗歌（文本卷 德汉对照）》，刘皓明译，上海：华东师范大学出版社，2009年版，第196-197页。

[2] Jochen Schmidt (Hrsg.) in Zusammenarbeit mit Katharina Grätz, Friedrich Hölderlin, *Hyperion. Empedokles. Aufsätze. Übersetzungen*, Frankfurt am Main: Deutscher Klassiker Verlag, 2008, S. 159.

也就越火烈。① 在语言风格上，尤其值得注意的是"硬接"（harte Fügung）②，海林格拉特说这种硬接的目的在于"使单词孤立"（die Isolierung des Wortes）③，与"平接"（glatte Fügung）形成鲜明对比：

"在硬接中单个的单词尽可能成为一个节拍的整体，而平接中则由更多的单词构成图像和思维的关联。……平接是韵律诗的风格……平接展示了最简单的形式和规则，常用的词语，尽可能地不引人注目，而硬接则通过不寻常和陌生的语言使我们惊诧……用尽一切，强调单词本身和震撼听众……句子结构脱轨（Anakoluthe），有时是无谓语放置的单词，在其精短处表现一个句子的内容，有时是延伸的套叠的长句……只是从不出现逻辑关联里无懈可击的推论。"④

硬接是古典时期从品达就开始使用的一种文体风格，崇尚希腊古典文学的克洛卜施托克（Friedrich Gottlieb Klopstock, 1724—1803）和荷尔德林根据他们不同的创作需求将其在德语文学中发扬光大。但直到《圣母玛利亚的生活》（*Marienleben*），里尔克的诗作都一直严格遵循着德语语法的规定，逻辑清晰，用词谨慎。大概在1913年到1914年之间，他的诗体风格突然有了个明显的变化，即在无韵诗（die reimlose Gedichte）里，尤其是早期写下的哀歌里，他开始使用"硬接"，有时候甚至直接将句子和诗行打乱。如在第一首哀歌（*Die erste Elegie*）的草稿中他写道："Jene, du neidest sie fast, Verlassenen; / Nicht dass du Gottes ertrügest / die Stimme, bei weitem;/ wie man die Brüsten / milde der Mutter entwächst."⑤ 这种变化起源于他的创作危机，也始于他与海林格拉特的往来。海林格拉特的博士论文写的是荷尔德林的品达作品翻译，他详尽分析过古典晚期的诗作修辞包括语词连接的特点。而里尔克是在阅读过海林格拉特的研究成果以后，开始了自己诗歌创作风格的巨大转变，尽管这种转变将极大地增加创作和阅读难度。硬接最典型的一种形式就是将句子主语或者着重强调的单词单独放在句首，前面详细分析过的《致荷尔德林》就

---

① 荷尔德林：《荷尔德林后期诗歌（评注 卷下）Die späte Dichtung Hölderlins. Studien und Erläuterungen》，刘皓明译，上海：华东师范大学出版社，2009年版，第453页。
② 术语翻译来自刘皓明。
③ 同①。
④ Norbert von Hellingrath, *Hölderlin-Vermächtnis*, herausgegeben von L. v. Piegnot, 2. Auflage, München, 1944, S. 26030.
⑤ Rainer Maria Rilke, *Ausgewählte Werke*, herausgegeben von Ernst Zinn, 3. Auflage, Band 1, Wiesbaden, 1948, S. 246ff.

以这种方式开头："Verweilung, auch am Vertrautesten nicht ...",第一首哀歌也是如此:"Wer, wenn ich schriee, hörte mich denn ...;"另外一种形式即将着重强调的单词放于句尾,如:"Aus dem gekonnten Gefühl überfallen hinab ins geahndete, weiter."或者将句子或句子成分插入句中:"Was, da ein solcher, Ewiger, war misstraun wir / immer den Irdischen noch ..."荷尔德林在翻译品达的作品时和在后期诗歌创作中放弃了德语的语法粘连,大胆采用了硬接等文体风格,极大地拓宽了德语诗歌的边界,前置的形容词和关系从句的插入从此成为他的语言特色之一。倒装(Inversion)和单词的换置(Umstellung)这些简单的语言转换,也极大影响了里尔克后期的诗歌风格。当然,除了硬接,其他直接受到荷尔德林影响的文体风格,如词语重复(Wortwiederholungen)、节奏(Rhythmus)等,也能在里尔克的后期诗歌里找到相应的证明。受篇幅所限,在此不一一赘述。

## 四、结语

熟知里尔克的读者都清楚,对于这位世界性诗人来说,他的阅读始终没有限制在德语文学的框架里。里尔克对伟大诗人的阅读从来遵循一个原则,即不沉溺,深化自身理解,但又不宥于其方圆。荷尔德林虽说是他从感性和诗学上最接近的德语诗人,也并没有超出这一阅读原则。里尔克对荷尔德林的认知起源于海林格拉特这位最著名的出版人,也就是说,他第一次并非是通过自身的阅读兴趣与荷尔德林相遇,而是通过已经编辑加工过的文集,获取的更多是所谓"科学的认知",这也给他的阅读带来了一种"熟悉"又"陌生"的体验,一种游走于"建造"和"覆灭"的阅读体验。[1] 正是由于与海林格拉特的交往,让一向偏离格奥尔格圈子(George-Kreis)的里尔克也产生了对这位伟大诗人的迷恋。荷尔德林对他的启发,更多的是一种特殊的语言体验,是"语言节奏上的大胆和诗歌颠覆性的创举"。[2] 在一封1914年9月5日写给不明收信人的信件中,里尔克谈到:"荷尔德林视自身为无物,因为他的诗歌并不是为自己而写,而是坚定不移地通过一首又一首描述心之轨道(Bahn des Herzens)的诗歌,将诗歌本身呈现。"[3]

---

[1] Vgl. Manfred Engel (Hrsg.), *Rilke-Handbuch. Leben-Werk-Wirkung*, Stuttgart: J.B. Metzler, 2013, S. 53.
[2] Ebd., S. 53.
[3] Horst Nalewski (Hrsg.), *Rainer Maria Rilke. Briefe in zwei Bänden*, Frankfurt/Leipzig: Insel-Verlag, 1991, S. 544f.

但近年来也有学者指出，不必夸大荷尔德林对里尔克的影响，因为与克洛普施托克和荷尔德林一脉相承的古典诗学相比，里尔克更倾向于借其形、融其神，将其注入自身现代诗学的追求中。尽管如此，20世纪初两位伟大德语诗人的浪漫邂逅仍让人神往，他们对诗歌语言细致打磨的良苦用心，对诗人自身历史责任的清醒认知，都印证了诗人冯至曾经的断言："我不迷信，我却相信人世上，尤其在文艺方面常常存在着一种因缘。这因缘并不神秘，它可能是必然与偶然的巧妙遇合。"① 里尔克自己也曾谈到关于"影响"的议题："探寻'影响'的问题当然是可能（möglich）并允许（zulässig）的。只是，有时候，问题的答案往往会带来最令人惊讶的启示。"②

就像其对格奥尔格（Stefan George, 1868—1933）的意义一样，荷尔德林也在第一次世界大战期间成为了里尔克对战争体验的传声筒（Sprachrohr）。荷尔德林的后期诗歌直接促成了里尔克1914年8月在慕尼黑完成《五首颂歌》。而《杜伊诺哀歌》也是在阅读荷尔德林作品的基础上于1922年最终完成的作品。事实上，里尔克的哀歌也是重新回答了一遍这个由荷尔德林提出的最著名问题——诗人何为？（Wozu Dichter?）只不过里尔克当时面临着更加严峻的现实：一战的爆发和现代科技的发展对现实的进一步抽象化挤压。对于里尔克来说，与荷尔德林的邂逅可能不仅仅触及诗歌技巧和语言风格，更是从哲学层面上加深了他对诗歌的理解，晚期作品《哀歌》和《致俄耳甫斯的十四行诗》的完成，都可追溯到这次相遇。③ 而他自始至终想利用诗歌创作表达的核心思想均可以用他在1915年11月8日写给洛特·赫普纳（Lotte Hepner）信件中写下的一段话来总结：

"神性与死亡如今被驱逐到了外面，成为了名副其实的'他者'，我们的生活必须以排除他者为代价才显出人性的，成为熟悉的、可能的、可购置的，在一个闭环的意义上成就'我们'。[……]人们仿佛被赋予了一种能力，能将神与死从精神上彻底隔绝开，但自然仍对这种已经成功实现的人工抑制一无所知——如果一棵树开花，那么死与生同时并存于这个开花的过程。[……]死亡在我们周围仍然居住如家中。"④

---

① 冯至：《冯至全集：第五卷 文坛边缘随笔》，石家庄：河北教育出版社，1999年版，第98页。
② Am 26.2.1924 an Alfred Schaer. Rainer Maria Rilke, in Rainer Maria Rilke: *Gesammelte Briefe*, Band V, Leipzig, 1939, S. 256.
③ Vgl. Johann Kreuzer, *Hölderlin-Handbuch. Leben-Werk-Wirkung*. Stuttgart: J.B. Metzler, 2011. S.483.
④ Rainer Maria Rilke, *Briefe*, herausgegeben von Rilke-Archiv, in Verbindung mit Ruth Sieber-Rilke, besorgt durch Karl Altheim. Frankfurt/M. 2. Auflage 1966. S. 511-514.

1914到1915年是里尔克生命中的"荷尔德林"高频年，他在这两年不断地阅读朗诵荷尔德林的作品，在书信往来中不断提到荷尔德林，表达对他的赞美和崇敬。"真正的诗人，应该是在神性离去之时，在漫无边际的黑夜中，在众人冥冥于追名逐利、贪娱求乐之时，踏遍异国的大地，去追寻神灵隐去的路径，追寻人失掉的灵性。这正是贫乏时代（丧失人灵、神灵隐遁的时代）中诗人的天命。"[①] 从《致荷尔德林》《五首颂歌》《杜伊诺哀歌》和其他书信往来记录中，我们能读出里尔克对荷尔德林的无限崇敬，并认为后者与他的诗歌作品已然神圣至不属于尘世，而后辈的诗人难以望其项背，顶多只能在对其的阅读和变形创作中接近其"宗"。"致"荷尔德林也是"至""荷尔德林"，是现代诗人里尔克对荷尔德林式诗歌的一次创作性接近，是尝试和荷尔德林并肩站立、回答"贫乏时代诗人何为"（Wozu Dichter in dürftiger Zeit）的一次创举，也是两大诗人在德语文学史上的一次灵魂碰撞。他们在20世纪初的这次相遇，在历史的一角，也悄然改变了现代德语文学的面貌。而自20世纪初至今，汉语世界的众多译者和研究者虽多次提及荷尔德林和里尔克之间深厚的渊源，却始终未见有详尽的研究文章问世，笔者希望通过本文，能填补国内德语文学研究的这一小块空白，也为中国百年诗歌翻译的诗学谱系研究增添另一个维度的解读空间。

---

① 刘小枫：《诗化哲学》，上海：华东师范大学出版社，2007年版，第128-129页。

# 论德美语言符号学之理论互通

姜奕村　深圳技术大学外国语学院英语系

**内容提要**：符号学是研究人类社会如何认识、使用和理解符号的科学。皮尔士和索绪尔分别被视为现代符号学的两个源头，学界普遍认为二者的理论观点是相互独立的。然而，经过仔细研究可以发现，二者的符号学观点也存在互通之处，了解这些异同点有助于国际符号学交流，统一认识，推动符号学的发展。皮尔士符号学的突出贡献是提出了符号的第二个三分法理论，即将符号分为指示符号、像似符号和规约符号三种。德国语言符号学家鲁迪·凯勒的符号学理论从皮尔士符号学分类入手，对其中的关键概念做了重要的阐释和补充，实现了符号理论之间的有效沟通，推动了皮尔士符号学在当代的创新性发展。语言是人类重要的特征之一，它不仅仅是一种工具，还反映了人类的思维方式、文化传承和社会联系。通过语言，人们能够进行思考、交流和理解彼此。语言作为一种符号系统，是人类对客观事物进行表达和交流的工具。它是人类思维和感知的产物，通过语言可以直接表达和传达我们对客观事物的认识、感受和思想。

**关键字**：符号学；索绪尔；皮尔士；凯勒

## 一、索绪尔及其符号学理论

弗迪南·德·索绪尔（Ferdinand de Saussure，1857—1913）是瑞士的一位语言学家，被公认为现代语言学、符号学和结构主义的奠基者，索绪尔的语言学思想对20世纪人文社会科学有着重要的影响。在讨论符号学及相关理论时，索绪尔作为现代语言学的奠基人不可避免地成为焦点。作为一位杰出的语言学家和思想家，索绪尔的贡献对于我们理解语言的本质和语言交流的方式具有重要意义。索绪尔的世界声誉是建立在他去世后由他的学生根据听课笔记整理出版的《普通语言学教程》上。《普通语言学教程》成为了结构主义语言学的重要著作，对后来的语言学和文化研究产生了深远的影响。[①]

索绪尔在符号学中引入了"能指"（signifier）和"所指"（signified）的概念，用于解释符号的意义和表示方式，后来学术界将这个符号模式称为二分法。能指是指符号的物理形式或声音，它是通过感官感知所能观察到的符号表现形式。例如，在语言中，单词的字母组合或语音是其能指。能指是一种感知到的符号特征，它通过感官媒介作用于我们的感觉器官。所指则是指符号所代表的具体概念、对象或事物。它是符号所传达的实际含义或意义。所指是与能指相对应的符号内涵或外延。例如，在语言中，单词"树"的所指是真实的树这一概念或类别。索绪尔强调了能指和所指之间的关系，即符号与其所代表的实际事物之间的联系。在符号的意义方面，索绪尔认为重要的是关注符号之间的相互关系，而不是仅仅关注符号从能指那里获取的内在特征或物质性方面的东西。[②] 他认为，符号的意义是根据人们共同认可的规则和约定来决定的。因此，符号的意义是一种社会构建的概念，它与人们的文化、语境和个人经验有关。

在索绪尔的著作《普通语言学教程》中，他提出了符号的第一原则，即语言符号的任意性原则。[③] 他指出了语言符号的两个特性。首先是符号的任意性，即符号与所指之间的关系是基于社会约定而非内在必然的。语言符号是任意的，也即声音和意义之间的联系是任意的。这意味着语言中的符号形式（如音响或书写形式）与所指的概念、事物或现象之间的联系并非固定不变，而是由社会共识所决定。这一特性在语言的运用中具有重要作用，涉及语言的灵活性和表达的自由度。索绪尔还进一步阐述，这种所谓任意性，指的是无理由的，即某一符号实际上同它的所指没

---

① 聂志平：《索绪尔的生平及学术评价》，载《通化师范学院学报》，2023年第7期，第39—52页，这里第40页。
② 季海宏：《皮尔斯符号学思想探索》，博士学位论文，南京师范大学，2011年，这里第54页。
③ 成秋杨：《浅析索绪尔与皮尔斯符号学理论下的语言符号性》，载《才智》，2014年第30期，第264页，这里第264页。

有任何关系。

其次,索绪尔提到了语言符号构成的线性序列特征。这意味着在语言表达中,我们必须按照线性的顺序进行,无法同时表达多个观点或思想。正如索绪尔指出的那样:"这条原则(能指的线性原则)是基本的,它产生的后果是无法限量的。这条原则与第一条原则具有同等重要性;它是整个语言机制的支柱。"[1]这一特性反映了人类所使用的语言的限制,而随着技术的发展(例如人工智能和自然语言处理),未来可能会出现能够突破线性序列限制的语言交流方式。

机器学习和人类学习是两种不同的模式。机器学习是基于大数据和算法模型进行的,通过对大量数据的分析和学习,机器可以从中提取模式和规律。相比之下,人类在出生时并没有具备丰富的知识,需要通过与他人的交流和经验积累来学习和获取知识。索绪尔在描述语言结构时,并没有对人类学习过程进行具体描述,而是更注重对语言结构本身的规则和特征的描述。他指出语言并不是一成不变的,而是会随着社会成员的使用和演化而不断变化。此外,他还提到语言符号所代表的事物和符号本身的形式也可以随时间的推移而发生改变,这意味着语言是一个不断演化和变化的系统。如果机器能够超越人类在语言能力方面的限制,特别是在同时表达多个观点的能力上,那么它可能会超越人类的语言能力。然而,这需要机器具备超越线性序列限制的能力,并且能够灵活地理解和生成非线性的语言表达。这对机器学习和自然语言处理领域的研究与发展提出了更高的要求。

长期以来,语言符号任意性问题一直是国内外学术界争论的问题。实际上,无论是在汉语语境中还是在其他语言中,语言的任意性和理据性都是两个并行存在且不冲突的特点。这两个特点可以类比为平行线,它们在语言的运作中共同发挥作用,二者并行不悖、相互补充。语言的任意性赋予了语言使用者自由和创造性,使其能够通过语言表达自己的思想和意义;语言的理据性则为语言提供了规范和准则,使其在特定领域内具有一致性和可理解性。

## 二、皮尔士及其符号学理论

查尔斯·桑德斯·皮尔士(Charles Sanders Peirce,1839—1914)是一位美国

---

[1] 郭鸿:《索绪尔语言符号学与皮尔斯符号学两大理论系统的要点》,载《外语研究》,2004年第4期,第1-5页,这里第3页。

哲学家、逻辑学家和科学家，被广泛认为是符号学和实用主义哲学的奠基人之一，是美国实用主义之父。他的思想涵盖了众多领域，著作繁杂、涵盖面广，如哲学、逻辑学、数学、语言学、认知科学等。由于一些原因，他长期游离于学术边界，逝世多年后其思想之重要性才被人们意识到。其思想在中国也没有广泛地传播。然而，随着全球学术界对于符号学、实用主义和认知科学的兴趣不断增长，以及跨学科研究的发展，皮尔士的思想逐渐得到了更多的关注和重新评价。他的贡献被重新认识和重视，并在哲学、语言学、认知科学等领域产生了深远影响。尽管在中国他的思想的传播相对有限，但随着学术交流和跨文化研究的推进，人们对他的思想有了更多的关注和探索。

皮尔士符号学是建立在实用主义哲学、范畴论和逻辑学基础上的学科。① 它的研究范围不仅限于语言，而是涉及对一切事物的意义和符号作用进行研究。皮尔士符号学旨在理解符号如何在认知、交流和知识构建中起作用，并探究符号与现实世界之间的关系。这一学科的目标是深入探讨符号的语义、符号系统的结构以及符号与人类思维、行为和文化之间的相互作用。它是一种"泛符号论"，具有自然科学的倾向。① 它的研究范围不仅限于语言，而是包括世界上一切事物的意指作用。其突出特点在于研究符号活动，也就是人作为生物的认知过程。这包括从经验产生的感情到逻辑思维、从感性认识到理性认识的全方位研究。他指出，一个符号代表一个对象，这里的意义就仅仅是代表而已，别无他物。

皮尔士的符号模式由三个部分组成，即符号本身、符号的指代对象和符号的解释项三部分。这三个概念有助于我们理解符号与其所指对象之间的关系，从而深入探讨符号在意义传递与交流中的不同方式和机制。对他而言，符号是指代其他事物的东西。他的研究旨在探索人类意识中普遍存在的模式和共性。在皮尔士的符号理论中，除了符号本身和符号的指代对象，还存在一个解释项。解释项是指人类意识中符号与指代对象之间的关系，它作为一种意识纽带将符号和指代对象连接起来。这个解释项是一种认知过程，通过它人们能够理解符号所代表的意义，并将其与相应的指代对象联系起来。这种关系的存在使得符号能够在人类思维和交流中发挥作用。因此，在皮尔士的理论中，解释项起着重要的桥梁作用，连接着符号、意义和

---

① 郭鸿：《索绪尔语言符号学与皮尔斯符号学两大理论系统的要点》，载《外语研究》，2004年第4期，第1–5页，这里第2页。

现实世界。①

皮尔士归纳出了符号和其所指对象之间的三种关系形式。② 第一种情形是符号与其所指对象之间存在某种相似性。第二种情形是符号的存在是由其所指对象引起的。第三种情形是符号与其所指对象之间的关系是约定俗成的。皮尔士将处于这三种情形中的符号分别称为像似符号（icon）、指示符号（index）和规约符号（symbol）。像似符号是指与其所指对象具有相似性或类似性的符号，通过共享形状、特征或结构来表示对象。换句话说，当我们发现符号与其指代对象之间存在某种共同的性质时，这个符号就可以被归类为像似符号。③ 指示符号是通过因果关系或直接联系与所指对象相关联的符号，用来指示或暗示对象的存在。规约符号则是与所指对象之间没有直接相似性或因果关系的符号，其意义是基于社会约定和共同理解而确定的。这就是皮尔士的第二个符号三分法。

### 三、索绪尔和皮尔士符号学比较

#### 1. 所属学科领域不同

索绪尔的语言符号学基于先验论哲学和结构主义思想，属于社会心理学范畴。他的符号模式不仅服务于语言学，还应用于其他社会人文科学领域。索绪尔的语言符号学突出的特点是强调语言的社会性和结构性。他认为语言不仅仅是一种工具，更是一种社会行为和交流方式。语言的使用受到社会和文化背景的影响，同时也受到语言结构和规则的制约。通过研究语言符号的社会性和结构性，索绪尔试图揭示语言背后的价值、权力关系和社会意义。④

皮尔士的符号学是以实用主义哲学、范畴论和逻辑学为基础的。它被称为"泛符号论"，但具有自然科学倾向。皮尔士的符号学研究范围不仅限于语言，还包括世界上一切事物的意指作用。其突出特点是研究符号活动，也就是研究作为生物的人的认知过程。⑤

---

① 季海宏:《皮尔斯符号学思想探索》，博士学位论文，南京师范大学，2011年，这里第55—56页。
② 同上，这里第52页。
③ 同上。
④ 马砚涛:《符号学浅论》，载《考试周刊》，2011年第63期，第30—31页，这里第30页。
⑤ 聂志平:《索绪尔的生平及学术评价》，载《通化师范学院学报》，2023年第7期，第39—52页，这里第50—51页。

## 2. 符号的组成

索绪尔的符号模型由能指（signifier）和所指（signified）两个要素构成。能指是符号的物理形式或表面表达，而所指是符号所代表的意义或概念。索绪尔关注符号的社会性和模拟性，他认为符号通过模拟和替代现实来产生意义。

皮尔士的符号模型由再现体（sign）、指称对象（object）和符号的解释项（interpretant）三个要素构成。再现体是能指与所指的组合，指称对象是符号所指向的实际对象或概念，而解释项是符号与其使用者之间的意义关系。皮尔士强调符号的意义和符号与现实之间的关系。

这两种符号模型在研究符号学时常被称为"二分法"和"三分法"，为学界提供了不同的研究视角和概念框架。

## 3. 符号的性质

索绪尔认为语言符号的任意性原则是符号的第一原则。任意性原则的实质是语言现象的社会规约性和惯例性。索绪尔的语言符号任意性把语言看成封闭而自给自足的符号系统，认为语言的意义来自于语言系统的自身任意区分。[①]

皮尔士的符号学更加强调符号与外部世界的联系和符号的象似性，强调符号意义的来源是人类与周围环境的相互作用。皮尔士的语言符号学认为语言与外界事物之间存在着紧密的联系。他强调语言系统的开放性，认为符号的意义是通过人类与周围环境的相互作用而产生的。对于皮尔士来说，符号的意义不是封闭在语言系统内部的，而是通过符号与实际对象之间的相似性联系产生的。他将符号看作对外界事物的表征，通过符号与实际对象之间的像似关系，我们能够理解和交流符号所代表的意义。[②]

## 4. 符号的概念

索绪尔的符号观认为，在宏观上，符号的能指是整个世界，符号的所指是整个世界所代表的意义。从语言的具体使用角度来看，符号是语言系统中的一个个词

---

① 聂志平：《索绪尔的生平及学术评价》，载《通化师范学院学报》，2023年第7期，第39—52页，这里第50—51页。
② 季海宏：《皮尔斯符号学思想探索》，博士学位论文，南京师范大学，2011年，这里第52页。

语。更深入地说，符号的能指实质上是语言系统中的一个音位，一个区别性特征。

而皮尔士的符号观认为，符号指代着世界上任何事物的各种命题，它是人类思维和认知的媒介。随着人类对世界认识的发展，符号不断地产生和发展变化，从感情符号到逻辑符号，从现有符号到新符号。索绪尔的语言符号的意义产生过程是通过符号的能指和所指结合而产生的。[①]

## 四、凯勒对皮尔士符号学的理论发展

德国语言符号学家鲁迪·凯勒进一步阐释和发展了皮尔士符号学理论，并通过一些典型的例子向我们展示了不同类型的符号与指称对象之间的关系及其背后推理逻辑的相互作用。

其中有一个关于"哈欠"的例子非常著名，常被引用，彰显了像似符号与指示符号之间的关系。假设你在进行一场报告，报告所阐释的内容非常到位且已经超时，为了提醒大家到休息时间了，你可以模仿打一个稍微夸张的哈欠。这个哈欠必须略微类似于真实的哈欠，以确保在场的人能够理解这是一个思想交流的情况。模仿哈欠是为了使用相似性的方法，以找到合理的解释并进行沟通。当同伴注意到这个哈欠的不寻常之处时，并不是因为看到了人本身，而是因为他们察觉到了模仿哈欠的行为。这就是一个指示性推理，但与此不同的是，如果只是自然地模仿哈欠，那就是像似性推理。为了达到这个目的，假装的哈欠必须满足两个条件：它必须能够被认出是假装的哈欠，同时也必须能够被认出是哈欠的假装。真实的哈欠症状是缺氧，而假装的哈欠永远不会引起这种症状。认出是假装的哈欠的思维过程是指示性推理，而认出是哈欠的假装的过程是像似性推理。这里体现了符号化过程中两种思维的互补作用。

第二个例子是这样的：假设我们在一片树林中散步，并希望让同伴注意到树枝上的一只鸽子，但又不想惊扰它。我们可以通过模仿鸽子的"呼呼"声来进行指示，同伴通过推理意识到我想让他注意到鸽子的存在。然而，仅仅通过声音模仿并不足以让同伴找到鸽子停在树枝上的位置。实际的过程是，在同伴听到声音后，进行手势示意，以确认他正确理解了这一指示，并引导他看向树枝上的鸽子。这个例子结

---

① 郭鸿：《索绪尔语言符号学与皮尔斯符号学两大理论系统的要点》，载《外语研究》，2004年第4期，第1—5页，这里第3—4页。

合了指示性推理和像似性推理两种推理模式,实现了有效而成功的人际交流。[①]

## 五、结语

　　美国学者皮尔士和德国学者凯勒虽然生活在不同年代,但是他们在各自的符号学理论领域里都做出了独特的贡献。凯勒教授虽然在名望上无法跟符号学之父皮尔士相比,而且在个别术语命名上也有所不同,但是他与皮尔士一脉相承,并在其基础上对语言符号学基本理论进行了发展和创新,对语言符号学诸多基本理论问题做出了重要阐释,有助于人们更好地了解和认识符号的本质及其演变规律、更好地掌握和使用符号。理论的互通与互鉴是人文学科理论研究的基本方法之一。人文学科通过不断的探索问题来推动人类认识和理解世界的领域。在当今这个时代,尤其需要强调真正的文科的重要性,因为它能够帮助我们更好地认识自己和推动社会进步。实际上,文科的研究能够帮助我们理解人类思维、文化、社会互动等方面的复杂性,提供深刻的洞察力和对人性的理解。通过理论交流和沟通,我们可以更好地理解和回应当今的挑战,推动社会的发展和进步。

---

[①] 姜奕村:《皮尔士符号分类与演变理论之解读与修正》,载《江苏社会科学》,2022年第2期,第214-223页,这里第222-223页。

# 通过以客户为导向的多语言技术写作实现全球商业成功

Alla Mishchenko　刘钏　张龙云

Alla Mishchenko：深圳技术大学副教授
刘钏：深圳技术大学讲师
张龙云：深圳技术大学助理教授

**内容提要**：生产者-客户之间的有效多语言沟通可以消除误解和不满，减少操作技术设备时产生的应用错误和支持请求，确保产品的可用性并建立品牌忠诚度。大量规范化和标准化措施被应用于优化专家与非专业人士之间的沟通。本文示范性地分析了这些措施的目标、功能、概念、方法、成功因素和所面临的挑战。以翻译为导向的写作对翻译过程的效率有很大影响，也因此对翻译成本有着极大影响，特别是涉及多语言技术文档写作时。在信息驱动的数字时代，智能信息的复杂组合使得信息接收者的知识急剧增加，实体终端产品数量也随之增加。品牌创建了专业的客户社区，可以在任何时间、任何地点、任何设备上通过所有现有的沟通渠道联系他们的客户，为其提供相应的信息。

**关键词**：全球社会；沟通手段；以客户为中心的多语言沟通；自然语言和受控语言；智能信息和技术写作

一切皆始于语言。不论是口头的还是书面的，语言都是交流的基础，也是信息的基础。在信息论中，语言与肢体语言、代码、信号等相同，都属于信息传递的方式。倘若没有信息，人类将难以取得其文明的最高成就，如对火的掌握与使用、工业革命的开展，以及现代信息社会的发展。文化和种族的多样性导致了语言的多样性。因此，多语言社会需要有效的沟通交流手段来克服语言障碍和消除误解。为此而被创造出来的各种"辅助语言"无论是过去还是现在都要从其所处的时代背景来理解，每一种"辅助语言"都是为特定的目标而服务的。

## 一、自然语言与受控语言

自古以来人类就在试图找到一种世界通用语（Lingua franca），在现代，这种尝试则体现在对受控语言的开发上。为了使"自然语言"和"受控语言"的概念更加清晰，笔者认为有必要对这两个术语进行定义，并对它们之间的相互关系进行阐述。"自然语言"是指：

"随着历史发展演化的，具有区域性和社会性差异的语言，与那些为实现国际交流以及阐述复杂的科学理论而构建的人造语言——世界辅助语言不同。'自然语言'与这些'人造语言'的区别首先在于其词汇和结构的多义性，即其表述的模糊性或多义性，以及其历史的变迁性。"[1]

自然语言的多义性和模糊性在计算语言学和自然语言处理领域被称为"歧义"。按照自然语言的不同层面，歧义可以区分为词汇歧义、句法歧义和语用歧义。

词汇歧义可分为多义和同义两种类型，这两种类型常常难以区分。这里用德语名词Schloss来举例说明。该词在《杜登通用词典》中有两种不同的含义：

（1）"（门）锁、门闩"

（2）"城堡，堡垒"[2]

消除词汇歧义需要借助常识和语境，下面的例子清楚地说明了这一点：

（3）锁在窗台上。

（4）城堡坐落于高山上。

句法歧义是由于一个词语组合可以用多种方式来进行解读，这里可以用

---

[1] Hadumod Bußmann, *Lexikon der Sprachwissenschaft*, 4. Aufl, Stuttgart: Kröner, 2008, S. 466.
[2] *Duden Deutsches Universalwörterbuch*, 9. Aufl, Berlin: Duden Verlag, 2019, S. 1565.

Internetumfrage 这个例子来进行说明，该复合词可以有不同的阐释方式：

（5）通过互联网进行调查

（6）以互联网为主题的调查

这种结构上的多义性大多可以通过正确的语境、专业知识和文化常识来解决。语用歧义可以用首语重复的例子来说明。这里最关键的一点是，句子之间的代词、地点或时间上的关联指代不清，使得读者很难对其进行正确理解，而这又与读者的文本理解能力、专业知识和通识教育有关，例如：

（7）Der Fahrer des letzten <u>Wagens</u> verursachte einen Unfall. <u>Er</u> war zu schnell.

最后<u>一辆车</u>的司机造成了事故。<u>它</u>开得太快了。

（8）<u>Der Fahrer</u> des letzten Wagens verursachte einen Unfall. <u>Er</u> war nicht angeschnallt.

最后一辆车的<u>司机</u>造成了事故。<u>他</u>没有系安全带。

受控语言是指：

"词汇和可用的语法手段均受到限制的自然语言。受控语言是自然语言的一个子集，具有以下组成部分：①一套规定了书写规范的规则（尤其是句子的表述规范）；②一个以词典的形式预先给定的词汇表，包括基本词汇和专业词汇。"

因此，受控语言和自然语言之间的关键区别在于它们的起源。自然语言是经历史演变而来的，而受控语言是由人类随意创造的。此外，相较于自然语言，受控语言由于规定了词汇而受到限制，通过一套规定了句子表述规范的规则来实现统一，并通过固定的书写方式来实现标准化。受控语言的规则对每种语言都有明确的规定，以此避免文本的歧义。鉴于受控语言的广泛性，笔者只能通过举例的方式选择性地对其开发方法和应用进行说明。

## 二、受控语言的原型

受控语言的原型主要是在某些历史时期崛起的占主导地位的国家和文化的政治和交流的产物。历史上首个"受控语言"被认为是希腊语 Koine（"dialektos，通用表达方式"），它于公元前4世纪在亚历山大大帝的政治影响下产生，是古代行政管理的工具。Koine 以通俗易懂的阿提卡方言为基础，在罗马帝国时期前一直是地中海东部沿岸的主要共通语和官府语言。① "Koine是古代帝国建立的世界语言，在全球经济政治功能方面与今天的英语类似"。② 这种古老的通用语在文法学校中被教授，后来发展成为地中海和东方的官方语言。

出于同样的目的，其他辅助语言也被作为管理国际政治经济的工具被人类逐渐创造了出来，其中最著名的是Basic English（Basic American Scientific international Commercial）。丘吉尔和罗斯福就曾要求推行Basic English，以保障英美殖民地的经济和政治交流。该受控语言是Ch.Ogden于1930年基于词汇限制开发出来的。Basic English以850个单词为基础词汇，包括600个名词（事物：400 "necessary nouns"和200 "names of common things"）、150个形容词（性质：100个形容词和50个形容词性反义词）、100个运算符（18个动词、9个连词、26个介词、16个代词,29个副词和2个冠词）。此外，还有100个普通科学词汇和50个专业科学词汇。③ 这1000个词可用以保证国际的交流。

### 三、受控语言的开发方法

由于交通方式的匮乏和通信设施的短缺，过去国际交往仅局限于地理位置相邻的国家。20世纪，受控语言在世界范围内被看作优化技术交流的主要工具，受控语言的大量出现正是这一趋势的明显证据：

英语：

- AECMA: AeroSpace and Defence Industries Association of Europe

前身 – Association Européenne des Constructeurs de Matériel Aérospatial

- Avaya: Avaya Controlled English (ACE)

- Research Project of the University of Zürich supported by the Department of Informatics and the Institute of Computational Linguistics: Attempto Controlled English

- KANT Controlled English (CTE)

---

① Lehrndorfer Anne, *Kontrolliertes Deutsch: linguistische und sprachpsychologische Leitlinien für eine (maschinell) kontrollierte Sprache in der Technischen Dokumentation*, Tübingen: Narr, 1996, S. 42.

② Lehrndorfer Anne / Reuther Ursula, Kontrollierte Sprache – standardisierte Sprache? // Henning Jörg / Tjarks-Sobhani, Marita, *Standardisierungsmethoden für die Technische Dokumentation*. Lübeck: Schmidt-Römhild, 2008, S. 98.

③ Ogden Charles Kay, *Basic English: a general introduction with rules and grammar*, London: Paul, Trench, Trubner & Co, 1930, S. 8.

- Nortel: Nortel Standard English

- Océ: Controlled English

- Perkins Approved Clear English

- Sun Microsystems: Sun Controlled English

- Xerox: Xerox Multilingual Customized English

- Ericsson: Ericsson English

- General Motors (GM): Controlled Automotive Service Language (CASL)

- IBM: Easy English

- Kodak: International Service Language

- Saab Systems: Simplified Technical English (STE)

其他语种：

- Siemens: Siemens Dokumentationsdeutsch (SDD)

- Dassault Aerospace: Français Rationalisé

- Scania: Scania Swedish

- Controlled Chinese

- Plain Japanese

- Simplified Technical Spanish

- Simplified Technical Russian: Uproschtschjonnuj Technitscheskij Russkij

一般而言，使用受控语言是为了：

——规范和维护企业语言；

——确保面向国际受众的多语言技术文档的合法性；

——提高人工或机器翻译的效率；

——使现有文本和句段可以被重复使用，以创建新的文档。

由于要实现的目标和功能的不同，受控语言的开发理念也不同。作为服务国际交流的世界性辅助语言，被开发出来的受控语言主要是以 Simplified English 为基础，来帮助英语水平较低的非母语人士克服语言障碍。

面向机器的受控语言目的是为了提高机器翻译系统的效率。因此解决语言歧义的相关措施非常重要。这可以通过严格的可形式化的规则以及避免使用省略结构、代词、多义词和同义词来实现。

面向机器的受控语言最著名的范例之一是Caterpillar Technical English（CTE），它于1991年被投入使用，以实现下列目的：

——优化文本产出过程和文本结构；

——通过使用无须译后编辑的机器翻译来简化翻译流程；

——提高文本质量；

——通过使用现代计算机辅助工具实现写作过程的自动化。

CTE词典由70 000个含义明确的术语以及一些禁用词语组成，除此以外，没有其他的限制。[1] CTE得以在卡特彼勒拖拉机公司有效地被应用于产品技术文档写作，可归功于以下因素：

——卡特彼勒拖拉机公司的文本生产量很大（每天约800页）；

——需要翻译成30多种目标语言；

——在一个拥有150多名文本编写人员的部门集中进行文本写作；

——文本生产和翻译过程的高度自动化；

——对所输入的语句有完整的语言分析；

——术语检查；

——在使用CTE的前身Caterpillar Fundamental English（CFE）的过程中积累了受控语言的相关经验；

——受控语言检测器（Clear Check，由卡内基梅隆大学开发）：用来检测规则遵守情况的软件。该软件负责检测机器翻译所不擅长的含义模糊的词汇和句法结构。所有被检查出的歧义结构都先由文本编写人员消除歧义后再交给机器翻译。[2]

关于CFE的受控语言检测器的理念、开发和架构，Teruko Mitamura和Eric Nyberg在《用于多语言文档生产的受控语言：使用Caterpillar Technical English的经验》（1999）、《受控语言翻译的自动重写》（2001）、《基于知识的MT的受控英语》（1995）等文章中做了很好的阐述。

---

[1] Hartley Anthony / Paris Cécile. Translation, controlled languages, generation // Steiner Erich, *Exploring translation and multilingual text production: beyond content*. Berlin/New York: De Gruyter Mouton, 2001, S.310.

[2] Hebling Uta, *Controlled Language am Beispiel des Controlled English*, Trier: WVT, 2002, S. 127.

受控语言的开发有两种不同的方法：规定法和禁用法。

规定法比禁用法的约束性要强得多，它禁止使用所有在规则手册和术语库中不存在的规则和术语。因此，所有在词汇表和规则手册中不存在的单词，在用于文本写作时都将被标记为"禁止"。所有结构不符合语法和文体规则的句子都会被受控语言检测器标记出来，需要重新进行表述。这种方法极大地促进了文本的一致性和标准化，但同时也限制了写作人员的创造力。

世界上最著名的规定性受控语言范例之一是AECMA Controlled Language（AECMA是欧洲航空航天和国防工业协会的缩写，由欧洲航空材料制造商协会更名而来）。AECMA Controlled Language的历史可以追溯到1979年，当时欧洲航空公司协会（AEA）在飞机的技术文档写作上出现了问题，便对其手册的可读性进行了测试。他们通过分析发现，问题的主要原因在于飞机结构的日益复杂和文件数量的不断增长。2002年，在多伦多PLAIN会议上，曾在AECMA担任多年技术编辑的P.Quintal用以下数字证实了这一点：早在1910年，一架飞机的技术文件大约为100页，1930年为1000页，1950年为20 000页，1970年为250 000页，1990年为500 000页。[①]

根据这项研究的结果，一套一致的、标准化的AEA文档写作规范被制定了出来，该规范自1987年起在商业航空领域被强制推行。2004年，在AECMA、AeroSpace（欧洲航空组织）和欧洲国防工业协会合并为ASD集团后，该规范进一步发展成为统一的国际性和区域性规范语言AECMA S 1000D。

AECMA规范语言基于两个目标。一是使英语技术文档更易于阅读，以确保母语非英语的技术人员和机械师能够对飞机进行最佳维护；二是通过使用简化英语降低多语言技术文档的写作成本，使在不同地点、不同时间工作的文档写作人员能够用明确、一致、符合翻译范式且合法合规的方式进行文档写作。

起初S 1000D是为军事部门（飞机和飞机系统）设计开发的，后来也被应用于陆地、海洋、航空和航天工业领域的民用文件项目，比如伦敦劳埃德船级社、波音B-787"梦幻客机"和空客A-350。目前，AECMA S 1000D作为一种使用公共源数据库（CSDB）进行技术文档的模块化和分布式写作的国际规范在全球被推行。它

---

① Quintal, P. AECMA Simplified English [Z/OL]. PLAIN Conference, Toronto, 2002-09-26-09-29. www.aecma.org/Publications/SEnglish/senglish.htm [2012-01-03]

的数据模块用 SGML 或 XML 标记语言来创建，并储存在 CSDB 中。每个模块由两部分组成：元数据和内容部分。元数据配有字母数字编码，使文档写作人员能够明确地识别和管理数据模块。为了描述每个内容单元，模块由文档写作人员按照规定的文本类型的形式进行编写和归类，如描述性文本、规定性文本、指导性文本和其他文本。为了更清楚地阐明 AECMA 规范语言，下面对其限制进行简要概述。

AECMA 词典是根据一词一义原则对语言加以限制的，即"每个单词只表示一个概念，每个概念只对应一个单词"。该词典以 900 个单词为基本词汇，此外还有不限数量的技术专业词汇及表述。技术术语只能以名词或形容词的形式出现，技术动词只能以动词的形式出现，没有词类转换形式。新增术语只能使用指定的含义和词性。此外，该词典还对其他词类进行了限制和规定，例如：

—— 介词和连词；

—— 描述制造过程的"技术动词"；

—— 名词性和形容词性的"技术术语"；

—— 2000 个禁用的同义词及其首选替代用词。

"技术动词"的定义是：

"……在特定语境下，用于命名一个行业或公司相关行为的单词。由于存在很多技术动词，且不同的制造商在描述同一过程时可能使用不同的动词，因此本规范中并没有给出一个完整的技术动词列表。但是，我们在下面给出了一个分类表，并配有示例，以帮助判断一个动词是否能够表示一种技术操作行为。……如果词典中已经有一个动词可以准确地描述该行为，请使用被认可的 STE 单词。除非必要，否则不要额外创建动词"，例如：

（9）非-STE：Cracks radiate from the center of the shaft.

（10）STE：Cracks go out from the center of the shaft.[①]

"技术术语"被划分为 20 个类别，例如：

（11）机器、车辆和设备上的位置名称：驾驶室、机身等

（12）设施和基础设施名称：机场、停机坪、大楼等

---

① ASD-STE100. Issue 5. *Simplified technical English*, Brussels: ASD, 2010: 1-1-7.

（13）技术记录、标准、规范、法规的名称：罗盘校正卡、发动机日志、联邦航空条例等①

AECMA规范基于九组规则，这九组规则是根据可理解性研究的相关结果制定出来的：

1.单词（14条规则），例：1.14使用统一的拼写。

2.名词短语（3条规则），例：2.1不要将三个以上的名词组成词组。

3.动词（7条规则），例：3.2仅可使用词典认可的动词形式：

—— 不定式

—— 命令式

—— 一般现在时

—— 一般过去时

—— 过去分词作形容词

—— 将来时

4.句子（4条规则），例：4.1每句话只围绕一个主题。

5.程序（5条规则），例：5.1程序性句子要尽量简短（最多20个单词）。

6.描述性写作（8条规则），例：6.3利用段落体现文本逻辑。

7.警告、注意事项（6条规则），例：7.4明确区分警告和注意事项。

8.标点符号和字数（11条规则），例：8.1列举时用冒号（：）和破折号（——）将所列各点垂直对齐。

9.写作规则（3条规则），例：9.1当无法进行字对字替换时，使用不同的句子结构和Simplified Technical English进行改写。②

在AECMA词典中，每个单词都应注明词性、定义或推荐的替代同义词。每条规则都附有正反示例来加以说明。

S 1000D标准是一个"活文件"。该标准由来自不同国家军事和工业领域的成员组成的指导委员会负责维护。除AECMA S 1000D外，还有其他AECMA标准可供客户选择。

---

① ASD-STE100. Issue 5. *Simplified technical English*, Brussels: ASD, 2010: 1-1-3 – 1-1-4.

② 同上：1-0-5 – 1-0-8.

因此，像卡特彼勒技术英语、AECMA简化英语等面向机器的规范语言，就这样作为"受控自然语言"被人类"任意创造了出来，以便在专业人士和非专业人士之间以易于理解的方式传达较为复杂的技术信息……"。①

禁用法最初是企业出于控制和维护语言的目的，在企业内部开发和实施的编辑指南。目的是将其作为一种有效的控制机制，在拼写习惯、词汇和术语、形态结构和文体表述方面规范与维护企业语言。所有未被明确禁止的，都是允许的。

要维护企业语言，首先要编制一个词典，在词典中将企业语言和专业语言的特有词汇标记为首选词汇，并明确规定禁止使用的单词和术语。语法层面的限制针对指导性文本，在该类文本中禁止使用被动结构和代词。句法限制主要指对句子长度和省略表达的限制，但并未规定替代方案。因此，禁用法也有助于增强文本的统一性和可理解性，提高文本的可翻译性和可读性。

### 四、受控德语

然而，并非所有语言都可以加以限制开发成受控语言。"受控德语"这一案例有力地证实了这一观点。1960年，J.A. Pfeffer在纽约布法罗大学的"基础德语研究所"首次尝试开发受控德语并以失败告终。② A.Lehrndorfer认为失败的原因在于德语的限制问题，尤其是德语有大量的屈折变化和变格、复杂的句框结构、嵌套句、句子中灵活多变的词序。③

然而，对于技术文档来说，技术德语这种受控德语具有重要意义，因为许多德国企业已经发展成了Global Player，他们需要一种有效的手段来优化技术编辑和技术文档的多语言翻译流程。为了满足这一需求，"基于规则的写作指南——技术交流德语"被开发了出来。该指南涉及质量管理、技术文档的统一化以及软件支持下的标准的实施。该指南可供所有从事技术交流的文档写作人员使用。通过遵循指南中的规则，能够：保证文本的标准化写作；实现写作风格的趋同，并方便后续对文本进行重复使用；降低技术文档的写作和翻译成本；方便管理和检索数据库；使用内容管理系统进行质量监控；降低产品责任风险。

---

① Schwitter R, *Kontrolliertes Englisch für Anforderungsspezifikationen*, Zürich: Studentendruckerei, 1998, S. 52.
② Pfeffer J. A, *Grunddeutsch: Erarbeitung und Wertung dreier deutscher Korpora*, Tübingen: Narr, 1975.
③ Lehrndorfer Anne, *Kontrolliertes Deutsch: linguistische und sprachpsychologische Leitlinien für eine (maschinell) kontrollierte Sprache in der Technischen Dokumentation*, Tübingen: Narr, 1996, S. 27.

该指南在结构层面对语言进行了限制，即规定了某些词形的使用规则以及构词、句法、缩写、标点符号和术语的相关规则。指南共有15条基本规则，并辅以大量其他补充规则：

T101：确定每个级别标题的统一书写方式

S102：使用明确的指代方式

S103：避免使用有误导性的属格结构

S201：将wenn或falls引导的从句定义为条件句

S301：避免名词短语堆砌

S302：避免句子过长

S304：避免介词短语堆砌

S306：以列表的形式进行列举

S307：不要用列表打断句子

S311：避免从句堆砌

S401：遵循学习和事物的逻辑顺序（即行动目标应在行动要求之前。[……]通过目标说明向读者提供重要的介绍性信息。[……]学习逻辑顺序反映了操作者的真实决策和行动顺序以及机器的流程步骤。事物的逻辑顺序由机器的结构决定。）[1]

S504：在某些信息单元中避免使用被动态（在以下信息单元中不要使用被动语态：指令和指令序列、安全提示、警告提示）[2]

S505：避免使用名词化

S510：使用统一的句式

B101：确定使用连字符的单词的书写方式[3]

随着时代的发展，制定者适时地对该指南进行了修订和补充。第二版中增加了一些重要的内容，例如拼写、标点符号、简洁写作以及以翻译为导向的写作。[4]

---

[1] Gesellschaft für Technische Kommunikation (Hrsg.), *Regelbasiertes Schreiben – Deutsch für die Technische Kommunikation*, Stuttgart: tekom, 2011, S. 55.

[2] 同上，S. 58.

[3] Birgit Bellem, *Regelbasiertes Schreiben - Deutsch für die technische Kommunikation: Leitlinie,* 1. Aufl., Stuttgart: tekom, 2011, S. 81.

[4] Elisabeth Gräfe / Jörg Michael, *Regelbasiertes Schreiben – Deutsch für die technische Kommunikation: Leitlinie,* 2. erweit. Aufl., Stuttgart: tekom, 2013.

## 五、受控语言检测器

对企业制定的编辑指南和规则手册的遵守情况可以使用受控语言检测器（CLC）来进行检测。由于本文篇幅有限，笔者在这里无法对这类软件进行精确分析。然而，有必要简要地提及几个受控语言检测器，这些检测器是节省时间和金钱成本以及确保文档一致性的有效工具。

这些工具分为可自由配置的软件类型和针对某些特定受控语言的软件类型，前者包括CLAT（萨尔大学应用信息研究促进会研究所〈IAI〉，萨尔布吕肯）和Acrolinx Suite（Acrolinx有限责任公司，柏林）等；后者包括CTE系统（卡内基集团有限公司，CGI和卡内基梅隆大学机器翻译中心：Caterpillar Technical English，用于编写和翻译卡特彼勒拖拉机公司的文本）、BSEC（波音公司：Boeing Simplified English Checker，用以生产AECMA简化英语文本）、MAXIT、Smart Communications——ASD STE和CE规则的遵守、EEA（IBM：EasyEnglishAnalyzer，在IBM作为固定规则使用）等。

这些语言检测工具可以单独检查各个模块（如拼写、风格、术语、一致性等），并创建错误日志，从而实现对文档写作能力的监控。CLC被认为是实现语言标准化、保证源文本质量、提高译文可译性和降低翻译成本的有力工具。

## 六、受控语言和翻译

受控语言是面向行业和企业的语言。它们通常是为Global Player和大型技术写作语言服务供应商开发的，是创建多语言应用型文本的有效工具。整个过程可分为两个阶段：（1）编写源文本；（2）将源文本翻译成目标语言。源文本的质量对译文质量和翻译效率有很大影响，进而影响翻译成本，因为逻辑、语言或内容的原始缺陷会导致所谓的GIGO效应（垃圾进—垃圾出）。因此，遵守受控语言以及找到实现源文本标准化的有效方法至关重要。所有的源文本同时也将存储在翻译记忆系统中。

随着基于服务器的计算机辅助翻译工具（翻译记忆系统、本地化软件、机器翻译系统）被越来越多地应用，翻译行业发生了巨大的变化，这些变化涉及到协作、外包、众包等各方面。计算机翻译辅助工具为多方如客户、大型语言服务供应商、独立校对员、技术写作人员、自由职业者等打开了全球劳动力市场。然而，由于一个项目的各个子流程通常是在不同时间、不同地点进行的,这就对所有参与者以及文档生产和翻译的各个阶段的标准化措施都提出了很高的要求。

"现在还有一种方法,即将受控语言应用于译文("受控翻译"),然而,期望通过这种方法实现文本的标准化、规范化以及更好的可理解性,这与规范源文本的初衷是相同的。"①

因此,在多语言技术文档的生产过程中,保证质量变得越来越重要,这需要项目经理持续实时监控。以翻译为导向的文档写作能力对于跨国公司而言已然不可或缺。若源文本的表述一致,那么在使用翻译记忆库系统进行翻译时精确匹配的数量就会显著增加。因此,译员用于译后编辑的时间和成本就会大大降低。对源文本统一致的翻译使文本更易于阅读和理解,提高了产品及服务的易用性,并减少了支持事件的数量。

## 七、展望未来

企业以及许多行业(如政府、保险公司、银行等)的成功,都依赖于语言这个要素。与客户的沟通越明确,客户的咨询就越少,那么处理这些咨询所需要投入的时间和金钱成本就越低。从专家与外行交流的视角来看,受控语言旨在向外行传授专业知识,并使所使用的术语、概念和程序更易于他们理解。快速增长的内容可以通过技术驱动的流程,以更快、收益更高、更高效的方式被生产出来。

在信息驱动的数字时代,各个品牌都在开发智能方案,希望通过所有可用的沟通渠道,如信件、电子邮件、短信、通信、社交媒体、装有移动应用程序的智能手机等与客户进行沟通。生产过程中的每个数字元素都会产生数据。通过对这些数据进行联结、处理、分析、(重新)组合和分配,新的知识在短短几分钟内就能被创造出来,这成倍地增加了客户的学习和发展潜力,与此同时,传统的商业模式也重新调整方向,协同效应因此产生。

数字化转型从根本上改变了工作流程。社交媒体和应用程序收集信息,接着物联网将收集到的所有数据整合起来。通过对这些数据的智能使用,用户的生活变得

---

① Lehrndorfer Anne / Reuther Ursula, Kontrollierte Sprache – standardisierte Sprache? // Henning Jörg / Tjarks-Sobhani, Marita, *Standardisierungsmethoden für die Technische Dokumentation*. Lübeck: Schmidt-Römhild, 2008, S. 109.

更加便捷，因为可管理的、个性化的和及时的信息可以在任何时间、任何地点一键传输到任一终端设备上。这极大地改变了消费者的期望，他们期待更多的相关内容，并希望获得详细和快速的信息。供应商与客户之间的交流正朝着"从独白到对话"的方向发展。

思想领导力营销也取得了成功。例如，像苹果和特斯拉这样的品牌就实施了思想领导战略，他们优化了自己的整个商业模式以更好地进行市场定位。这些品牌运用讲故事的策略，定义自己的市场，指出问题并提供巧妙的解决方案，提供有价值的内容，通过所有现有的沟通渠道与客户进行交流。他们通过自己的客户门户和应用程序，用良好的售后服务激励客户，并通过上述一系列做法与客户建立牢固的联系。在沟通中以客户的需求为导向。积极主动的浇灌式沟通原则和永远在线的文化达到了预期的效果：较高的客户满意度、参与度和对品牌的忠实度。因为联结和合作是我们人类固有的特性。从这个角度来看，iPhone 不是一款智能手机，而是一个拥有 App Store、FaceTime、iTunes 和自己的云的移动自由体验区。特斯拉不是保时捷的替代品，而是一种对未来的有意识的思考。

这些品牌创建了自己的品牌平台，并建立起全球数字客户社区，在这里已经成为了品牌粉丝的客户会开展各种活动，分享知识，建立彼此之间以及与品牌之间的联结。客户购买品牌商品不是因为产品感觉，而是因为归属感。品牌关注客户的需求，清楚客户的期待，不断激发客户的热情和灵感。思想领导力营销因此达到了其最大的效果：在市场上持久地保持独特地位。